오케이
O.K

러시아어 회화

국제언어교육연구회

태을출판사

들어가는 말

21세기 글로벌 시대에 외국어 구사능력은 선택의 문제가 아닌 생존의 조건입니다.

영어는 기본이고 중국어·일본어·독일어·불어·서반아어 러시아어 등 제2외국어를 소홀히 하다간 국내에서는 물론이고 국가 간 경쟁에서도 뒤쳐질 수밖에 없기 때문입니다.

교육전문가들은 생활외국어를 제대로 익히기 위해선 외국어 교육이 혁신되어야 한다고 말합니다.

10년 이상 배워봐야 말 한마디 제대로 못하는 학교 영어교육의 개편과 함께 제2외국어 교육의 내실화가 시급하다는 지적입니다.

외국어는 어렵습니다. 그러나 누구든지 할려고만 하면 '쉽게' 정복할 수가 있습니다.

이렇게 말하면 더러는 발론(反論)을 제기하는 사람도 있을 것입니다. 그러나 그것은 외국어의 근본을 모르고 있는 사람들의 한갓 변명에 불과할 뿐입니다. 어렵게 생각하면 이 세상의 모든 일들이 다 '어려운' 것입니다.

외국 사람들은, 세계에서 가장 배우기 힘든 '언어' 속에 '한국어'를 포함시키고 있습니다. 그 어려운 언어를 우리는 지금 자유

자재로 구사하고 있습니다. 우리는 우리말에 대하여 어렵다고 생각해 본 적이 없습니다. 어린 시절, 걸음마를 배우면서부터 우리 자신도 모르게 낱말 한두 개씩을 중얼거리며 익혀오던 우리말입니다. 아직 엄마의 젖을 물고 있던 그 시절, 이미 우리는 무슨 말이든지 의사를 표현하고 받아들일 수가 있었습니다. 아주 자연스럽게 말입니다.

외국어도 이와 마찬가지입니다. 스스로 어렵다는 생각을 버릴 때, 비로소 쉬워지는 것이 외국어입니다.

우리가 어린 시절 수 년에 걸쳐서 우리말을 생활속에서 터득하였듯이, 외국어도 단시일 내에 뿌리까지 뽑겠다는 생각을 한다면 그것은 무리입니다. 단시일에 마스터 하겠다는 그 생각이 바로 외국어를 어렵게 만드는 것입니다.

쉽게 생각하고 쉽게 덤벼들면 쉽게 정복할 수 있는 것이 바로 외국어입니다.

지금 바로 이 순간부터 한번 시도해 보십시오. 당신은 이 책을 가까이 두고 실생활에서 익히는 동안 충분히 실감하게 될 것입니다.

국제언어교육연구회

제2부 기초 러시아어 회화

제1부

꼭 알아야 할 기본문법

I. 대문자, 소문자

А а 아	Б б 베	В в 붸
Г г 게	Д д 데	Е е 예
Ё ё 요	Ж ж 줴	З з 제
И и 이	Й й 이 끄라뜨꼬예	К к 까
Л л 엘	М м 엠	Н н 엔
О о 오	П п 뻬	Р р 에르
С с 에쓰	Т т 떼	У у 우
Ф ф 에프	Х х 하	Ц ц 쩨
Ч ч 체	Ш ш 솨	Щ щ 쉬차
Ъ ъ 뜨뵤르디즈닉 (경음부)	Ы ы 의	Ь ь 먀흐끼 즈닉 (연음부)
Э э 에	Ю ю 유	Я я 야

12

II. 명사 변화

		여성	남성	중성
단수	주격	-a (я)	-.	-o
	생격	-ы (и)	-y	-a
	여격	-e	-.	-y
	대격	-y (ю)	-. 혹은 -a.	-o
	조격	-ой (ей)	-ом (ем)	-ом
	전치격	-e	-e	-e
복수	주격	-ы	-ы	-a
	생격	-.	-ов	-.
	여격	-ам	-ам	-ам
	대격	-ы	-ы 혹은 -ов	-a
	조격	-ами	-ами	-ами
	전치격	-ах	-ах	-ах

※ 남성 명사 대격에서 생체 명사일 경우는 주격 대신 생
   격을 사용한다.

예) я жду брата.

III. 형용사 변화

		남성	여성	중성
단수	주격	-ый (-ой, -ий)	-ая (-яя)	-ое (-ее)
	생격	-ого (-его)	-ой (-ей)	-ого (-его)
	여격	-ому (-ему)	-ой(-ей)	-ому (-ему)
	대격	-ый 또는 -ого	-ую (-юю)	-ое (-ее)
	조격	-ым (-им)	-ой(-ей)	-ым (-им)
	전치격	-ом (-ем)	-ой(-ей)	-ом (-ем)
		남성 · 여성 · 중성		
복수	주격	-ые (-ие)		
	생격	-ых (-их)		
	여격	-ым (-им)		
	대격	-ые (-ие) 또는 -ых (-их)		
	조격	-ыми (-ими)		
	전치격	-ых (-их)		

IV. 인칭대명사

		1인칭	2인칭	3인칭	
단수	주격	я	ты	он, оно	она
	생격	меня	тебя	его	её
	여격	мне	тебе	ему	ей
	대격	меня	тебя	его	её
	조격	мной	тобой	им	ей
	전치격	мне	тебе	о нём	о ней
복수	주격	мы	вы	они	
	생격	нас	вас	их	
	여격	нам	вам	им	
	대격	нас	вас	их	
	조격	нами	вами	ими	
	전치격	нас	вас	о них	

※ ты 는 '너', вы 는 '당신'이라는 존칭의 의미와, 복수
  '당신들'로 동시에 쓰이며, 윗사람일지라도 친근감을
  표현할 땐 ты 를 사용한다.
※ 3인칭 대명사가 전치사와 함께 쓰일 땐 н 이 첨가된다.

15

V. 수 사

개수사	순서 수사
1. один, одна, одно	первый
2. два, две, два	второй
3. три	третий
4. четыре	четвёртый
5. пять	пятый
6. шесть	шестой
7. семь	седьмой
8. восемь	восьмой
9. девять	девятый
10. десять	десятый
11. одиннадцать	одиннадцатый
12. двенадцать	двенадцатый
13. тринадцать	тринадцатый
14. четырнадцать	четырнадцатый
15. пятнадцать	пятнадцатый
16. шестнадцать	шестнадцатый
17. семнадцать	семнадцатый
18. восемнадцать	восемнадцатый

개수사	순서 수사
19. девятнадцать	девятнадцатый
20. двадцать	двадцатый
21. двадцать один, одна, одно;	двадцать первый
30. тридцать	тридцатый
40. сорок	сороковой
50. пятьдесят	пятидесятый
60. шестьдесят	шестидесятый
70. семьдесят	семидесятый
80. восемьдесят	восьмидесятый
90. девяносто	девяностый
100. сто	сотый
101. сто один	сто первый
200. двести	двухсотый
300. триста	трёхсотый
400. четыреста	четырёхсотый
500. пятьсот	пятисотый
600. шестьсот	шестисотый
700. семьсот	семисотый
800. восемьсот	восьмисотый
900. девятьсот	девятисотый

개수사	순서 수사
1,000. тысяча	тысячный
2,000. Две тысячн	Двухтысячный
5,000. пять тысяч	пятнтысячный
10,000. Десять тысяч	Десятнтысячный
100,000. сто тысядч	сто тысячный
1000,000. мнллнон	мнллнонный
2000,000. Два мнллнона	Двухмнллнонный
1,000,000,000. мнллнард 혹은	мнллнардный 혹은
бнллнон	бнллноннный

※ 명사의 경우 2, 3, 4 다음에 단수생격, 5 이상 다음엔 복수생격이 온다.

    예) Два стола, Две школы

        пять столов, пять школ

※ 형용사의 경우 수사 2 이상 다음엔 복수생격이 온다.

    예) Два новых стола.

VI. 기본적인 단어

요일

понедельник	월요일
вторник	화요일
среда	수요일
четверг	목요일
пятница	금요일
суббота	토요일
воскресенье	일요일

요일은 전치사 в와 대격으로 때를 나타낸다.(~요일에)

예) в понедельник в субботу

달

январь	1월
февраль	2월
март	3월
апрель	4월
май	5월
июнь	6월
июль	7월

август	8월
сентябрь	9월
октябрь	10월
ноябрь	11월
декабрь	12월

달은 전치사 в 와 전치격으로 때를 나타낸다.(~월에)

예) в январе в августе

방향

восток	동
запад	서
юг	남
север	북

계절

весна	봄
лето	여름
осень	가을
зима	겨울

계절은 조격을 사용해서 때를 나타낸다.(~계절에)

예) весной, летом, осенью, зимой

호칭(가족관계)

дедушка	할아버지
бабушка	할머니
отец	아버지
мать	어머니
брат	형
старшая сестра	누나
младший брат	아우
сестра	누이
младшая сестра	여동생
жена	아내
муж	남편
сын	아들
дочь	딸
тётя	아주머니
дядя	아저씨

제2부

기초 러시아어 회화

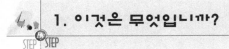
Ⓐ 이것은 무엇입니까?

Ⓑ 이것은 책입니다.

Ⓐ 이 사람은 누구입니까?

Ⓑ 이 사람은 표도르입니다.

그는 학생입니다.

WORDS & PHRASES ㉜

- что : 무엇
- это : 이것
- кто : 누구
- он : 그 사람

24

쉬또 에떠
Что это?

쉬또 에떠
(A) **Что это?**

에떠 끄니가
(B) **Это** *книга.*

끄또 에떠
(A) **Кто это?**

에떠 표도르
(B) **Это** *Фёдор.*

온 스뚜젠뜨
Он *студент.*

2. 이것들은 누구의 물건입니까?

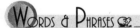

Ⓐ 이것은 누구의 넥타이입니까?

Ⓑ 이것은 아버지의 넥타이입니다.

Ⓐ 이것은 누구의 원피스입니까?

Ⓑ 이것은 어머니의 원피스입니다.

WORDS & PHRASES

- вещь: 물건
- отец: 아버지
- мать: 어머니

체이 에띠 베쉬
Чьи эти вещи?

체이 에떠 갈스뚝
(A) Чви это галстук?

에떠 갈스뚝 아짜
(B) Это галстук отца?

치요 에떠 쁠라찌예
(A) Чьё это платье?

에떠 쁠라지예 마쩨리
(B) Это платье матери?

Ⓐ 이름이 무엇입니까?

Ⓑ 블라지미르 이바노비치 스꼴로프입니다.

그런데 당신의 이름은 무엇입니까?

Ⓐ 나의 이름은 나딸리야입니다.

당신을 만나서 매우 기쁩니다.

WORDS & PHRASES 🎵

- *как*: 어떻게
- *звать*: 부르다
- *рад, рада*: 기쁘다
- *видеть*: 보다
- *вас*: 당신을
- *имя*: 이름

깍 바스 자부뜨
Как вас зовут?

(A)
깍 바스 자부뜨
Как вас зовут?

(B)
미냐 자부뜨 블라지미르 이바노비치 사깔로프
Меня зовут Владимр Иванович Соколов.

아 깍 바쉐 이먀
А как ваше имя?

(A)
마요 이먀 나딸야
Моё имя Наталья.

오첸 라다 바스 비제찌
Очень рада вас видеть.

Ⓐ 까쨔! 까쨔! 어디 있니?

Ⓑ 날 불렀니?

Ⓐ 아니.

　나는 내 고양이 까쨔를 불렀어.

Ⓑ 이런, 그건 내 이름이야.

WORDS & PHRASES ㉒

- rдe: 어디에
- ты: 너
- Hy что ты: 맙소사, 이런

에떠 마요 이먀
Это моё nмя?

까쨔 까쨔 그제 뜨이
(A) Ката! Ката! Где ты?

뜨이 미냐 즈발라
(B) Ты меня звала?

네뜨
(A) Нет.

야 즈발라 마유 꼬쉬꾸 까쮸
Я звала мою кошку катю.

누 쉬또 뜨이 에떠 마요 이먀
(B) Ну что ты, это моё nмя.

Ⓐ 이반, 결혼하셨어요?

Ⓑ 네, 5년 전에 했습니다.

Ⓐ 그녀의 이름은 무엇입니까?

Ⓑ 그녀의 이름은 올가입니다.

당신은 결혼하셨습니까, 마샤?

Ⓐ 아니오, 아직.

약혼자가 있습니다.

WORDS & PHRASES 🎵

- женаты: 장가들다
- назад: 전에
- замужем: 시집가다
- пять лет: 5년

브이 줴나뜨이
Вы женаты?

이반 브이 줴나뜨이
Ⓐ Иван, вы женаты?

다 야 줴닐샤 빠찌 례뜨 나자뜨
Ⓑ Да, я женнлся пять лет назад.

깍 예요 자부뜨
Ⓐ Как её зовут?

예요 자부뜨 올가
Ⓑ Её зовут Ольга.

아 브이 자무줴ㅁ 마샤
А вы замужем, Маша?

네뜨 잇쑈
Ⓐ Нет, ещё

우 미냐 예스찌 녜볘스따
у меня есть невеста.

WORDS & PHRASES 🎵

- ещё: 아직
- невеста: 약혼자

33

6. 저는 끈질긴 성격을 가졌습니다.

Ⓐ 제 남편은 이제 담배를 피우지 않아요.

Ⓑ 오, 그는 강인한 성격을 지녔군요.

Ⓐ 그가요?

강인한 성격을 가진 건 저랍니다.

WORDS & PHRASES ②

- муж: 남편
- курить: 담배피우다
- сильный: 강한
- теперь: 지금, 이제
- у: ~에, ~에게
- характер: 성격
- у + него: 모음이 겹치는 경우 자음 н 첨가

우 미냐 씰느이 하락쩨르
Y меня сильный характер.

우 미냐 씰느이 하락쩨르
Y меня сильный характер.

모이 무쉬 찌뻬리 네 꾸리뜨
Ⓐ Мой муж теперь не курит.

오 우 녜보 씰느이 하락쩨르
Ⓑ O! y него сильный характер!

우 녜보
Ⓐ Y него?

에떠 우 미냐 씰느이 하락쩨르
Ⓑ Это у меня сильный характер.

35

Ⓐ 당신에겐 아이가 있습니까?

Ⓑ 네, 있습니다.

Ⓐ 몇 명 있습니까?

Ⓑ 세 명입니다.

우리는 서로서로 사랑합니다.

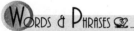

WORDS & PHRASES ♋

- есть : 있다
- сколько : 몇
- друг друга : 서로 서로를
- дети : 아이들
- любить : 사랑하다

36

우 바스 예스찌 제찌
У вас есть дети?

ⓐ 우 바스 예스찌 제찌
У вас есть дети?

ⓑ 다 예스찌
Да, есть.

ⓐ 스꼴꼬 우 바스 지쩨이
Сколько у вас детей?

ⓑ 뜨로예 지쩨이
Трое детей.

드이 류빔 드룩 드루카
мы любим друг друга.

Ⓐ 꼬마야, 아빠와 엄마중

누가 더 예쁜지 말해 주겠니?

Ⓑ 당신에게 대답하지 않겠어요,

왜냐하면 엄마를 화나게 하고

싶지 않으니까요.

WORDS & PHRASES ♒

- сказать : 말하다
- девочка : 꼬마, 여자아이
- красный : 예쁜
- быть : есть 의 미래형
- потому что : 왜냐하면
- истмучать : 대답하다
- хотеть : 원하다

끄또 끄라시볘에
Кто красивее?

스까쥐 제보치까
Ⓐ Скажи, девочка,

끄또 끄라시볘에 빠빠 일리 마마
кто красивее папа или мама?

녜 부두 밤 아뜨볘차찌
Ⓑ Не буду вам отвечать,

빠따무 쉬또
потому что.

녜 하추 아비좌찌 마무
Не хочу обижать маму.

• обижать : 화나게 하다

Ⓐ 숙제하고 있니?

Ⓑ 야뇨, 엄마

  전 우유를 넣은 차를 마시고 있어요.

Ⓐ 지금 숙제를 해야 한다!

  얘야, 내 잡지가 어디 있는지 못봤니?

Ⓑ 차 안에서 봤어요.

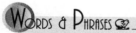

WORDS & PHRASES ♪

- с+조격: ~와
- делать: 하다
- задание: 숙제, 임무
- пить: 마시다
- чай: 차
- молоко: 우유
- надо: ~할 필요가 있다. ~해야 한다

나도 젤라찌
Надо делать!

나도 젤라찌
Надо делать!

뜨이 젤라이쉬 자다니예
Ⓐ Ты делаешь задание?

네뜨 마마
Ⓑ Нет, мама.

야 삐유 차이 스 멀라꼼
Я пью чай с молоком.

나도 젤라찌 에떠 씨촤스
Ⓐ Надо делать это сейчас!

말칙 뜨이 녜 비젤 그제 모이 주르날
Мальчик, ты не видел, где мой журнал?

야 비젤 이보 브 마쉬네
Ⓑ Я видел его в машине.

Words & Phrases

- мальчик: 소년
- машина: 자동차

41

Ⓐ 안녕하세요, 마로조프씨.

좋은 아침입니다.

Ⓑ 안녕하세요, 이바노바 여사.

건강은 어떠세요?

Ⓐ 좋습니다. 고맙습니다, 당신은?

Ⓑ 역시 좋습니다.

저는 여행을 갈 것 같아요.

Ⓐ 좋은 여행이 되시길!

Ⓑ 고마워요, 가족에게 안부 전해주세요.

즈드라스부이쩨
Здравствуйте!

즈드라스부이쩨 가스빠진 마로조프
Ⓐ Здравствуйте, господнн Морозов.

쁘리야뜨노예 우뜨러
Прнятное утро.

즈드라스브이쩨 가스빠좌 이바노바
Ⓑ Здравствуйте, госпожа Иванова.

깍 바쉐 즈다롭예
Как ваше здоровье?

하라쇼 스빠시바 아 브이
Ⓐ Хорошо, спаснбо. А вы?

또줴 하라쇼
Ⓑ Тоже хорошо.

므녜 누쥐노 뿌찌쉐스뜨보바찌
Мне нужно путешествовать.

스차스뜰리보버 뿌찌
Ⓐ Счастлнвого путн!

스빠시바 쁘리볘뜨 바쉐이 셈예
Ⓑ Спаснбо, прнвет вашей семье.

Ⓐ 당신의 친구와 인사하고 싶습니다.

Ⓑ 좋습니다, 기꺼이.

이쪽은 제 친구, 세묜입니다.

그는 명랑한 성격을 가졌습니다.

Ⓒ 안녕하세요. 만나서 매우 반갑습니다.

Ⓐ 당신에게 제 소개를 하도록 허락해 주세요.

당신과 알게 되어 매우 기쁩니다.

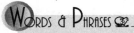

WORDS & PHRASES 32

- познакомиться : 알고 지내다, 인사하다
- разрешить : 허락하다
- c + 조격 : ~와

44

하추 빠즈나꼬미짜
Хочу познакомnться.

야 하추 빠즈나꼬미짜 스 바쉼 드루곰
Ⓐ Я хочу познакомnться с вашnм другом.

하라쑈 아호뜨너
Ⓑ Хорошо, охотно.

에떠 모이 드룩 세묜
Это мой друг, Семён.

우 녜보 베숄르이 하락쩨르
У него весёлый характер.

즈드라스부이쩨 오첸 라드 바스 비제찌
Ⓒ Эдравствуйте, очень рад вас вnдеть.

라즈레쉬쩨 쁘레드스따비짜 밤
Ⓐ Разрешnте представnться вам.

오첸 라드 빠즈나꼬미짜 스 바미
Ⓑ Очень рад познакомnться с вамn.

45

Ⓐ 혹시, 아는 분 아니세요?

Ⓑ 아니오, 전 당신을 기억하지 못하겠네요.

Ⓐ 죄송합니다.

Ⓑ 전혀, 신경쓰지 마세요.

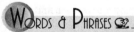

WORDS & PHRASES 32

- может быть: 혹시, 아마
- знакомы: 아는 사람(복수)
- помнить: 기억하다

이즈비니쩨 빠좔스따
Извините, пожалуйста.

모줴뜨 브이찌 브이 녜 즈나꼬므이
Ⓐ Может быть, вы не знакомы?

녜뜨 야 니 뽐뉴 바스
Ⓑ Нет, я не помню вас.

이즈비니쩨 빠좔스따
Ⓐ Извините, пожалуйста.

니체보 녜 베스빠꼬이쩨씨
Ⓑ Ничего, не беспокойтесь.

Ⓐ 신녕을 경축합니다!

Ⓑ 새해예요!

Ⓐ 당신을 위해(건배합시다.)

모든 곳에서의 성공과

행운을 바랍니다.

Ⓑ 고맙습니다.

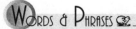

WORDS & PHRASES ㉜

- rод : 해
- за : ~를 위해, ~에게

빠즈드라블랴유 스 노브임 고돔
Поздравляю с новым годом!

빠즈드라블랴유 스 노브임 고돔
Ⓐ Поздравляю с новым годом!

스 노브임 고돔
Ⓑ С новым годом!

자 바스
Ⓐ За вас.

제엘라유 우스뻬홉 보 프숌
Желаю успехов во всём

이 스차스쨔야
и счастья!

블라거다류 바스
Ⓑ Благодарю вас.

14. 생일을 축하합니다.

Ⓐ 블라지미르,

오늘 저녁에 우리집에 와 주게.

Ⓑ 글쎄, 무슨 일인가?

Ⓐ 오늘이 내 생일이라네.

Ⓑ 생을을 축하하네.

Ⓐ 고맙네.

WORDS & PHRASES ❷

- пpийти : 오다
- рождение : 탄생

빠즈드라블랴유 스 뇨윰 로쥐제니야
Поздравляю с днём рождення!

빠즈드라블랴유 스 뇨윰 로쥐제니야

Ⓐ 블라지미르
Владимир,

쁘리죠쩨 끄 남 시보드냐 베체롬
прндёте к нам сегодня вечером.

Ⓑ 누 브 춈 젤로
Ну, в чём дело?

Ⓐ 시보드냐 우 미냐 젠 로쥐제니야
Сегодня у меня день рождення.

Ⓑ 빠즈드라블랴유 스 뇨윰 로쥐제니야
Поздравляю с днём рождення!

Ⓐ 스빠시바
Спаснбо.

STEP STEP

Ⓐ 내일은 내 생일이야.

Ⓑ 너 꽃 좋아하지?

Ⓐ 굉장히.

Ⓑ 그럼 내가 너에게 내일이면

 나이만큼 붉은 장미를

 선물할게.

Ⓐ 좋아, 기다릴게.

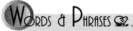

WORDS & PHRASES 32

- тогда : 그러면
- столько : (~, сколько) ~만큼
- подарить : 선물하다
- ждать : 기다리다

52

잡뜨라 우 미냐 젠 로쥐제니야
Завтра у меня День рождення.

잡뜨라 우 미냐 젠 로쥐제니야
Ⓐ **Завтра у меня День рождення.**

뜨이 류비쉬 쯔뻬뜨이
Ⓑ **Ты любншь цветы?**

오첸
Ⓐ **Очень!**

따그다 야 빠다류 찌뻬 스똘꼬
Ⓑ **Тогда я подарю тебе столько**

끄라스느이흐 로즈 스꼴꼬 찌뻬
красных роз, сколько тебе

잡뜨라 이이스뽈니짜 레뜨
завтра nсполннтся лет.

하라쇼 야 부두 쥐다찌
Ⓐ **Хорошо. Я буду ждать.**

53

16. 날씨가 어떻습니까?

Ⓐ 엄마, 오늘 날씨 어때요?

Ⓑ 오늘은 날씨가 나쁘구나.

바람이 불고 비가 온다.

Ⓐ 외투를 입는 게 좋겠군.

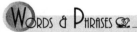

- погода: 날씨
- ветер: 바람
- дождь: 비
- надевать: 입다
- дуть: 불다
- идти: 가다, (여기에선) 비가 오다

54

까까야 빠고다
Какая погода?

까까야 빠고다 시보드냐
Ⓐ Мама, Какая погода сегодня?

시보드냐 쁠로하야 빠고다
Ⓑ Сегодня плохая погода.

두이뜨 베쩨르 이 이죠뜨 도쥐
Дует ветер и идёт дождь.

나도 나제바찌 빨또
Ⓐ Надо Надевать пальто.

55

Ⓐ 그는 몇 살입니까?

Ⓑ 그는 15살입니다.

  그는 학생입니다.

Ⓐ 그녀는 몇 살입니까?

Ⓑ 그녀는 23살입니다.

  그녀는 여선생님입니다.

WORDS & PHRASES ③②

- учитель : 선생님
- учительница : 여선생님

스꼴꼬 밤 레뜨
Сколько вам лет?

스꼴꼬 예무 레뜨
Ⓐ Сколько ему лет?

예무 빠얏낫짜찌 레뜨
Ⓑ Ему пятнадцать лет.

온 우체닉
Он ученк.

스꼴꼬 예이 레뜨
Ⓐ Сколько ей лет?

예이 드밧짜찌 뜨리 고다
Ⓑ Ей двадцать тpн года.

아나 우치쩰니짜
Она учнтельнца.

18. 그는 당신보다 5살이 많습니다.

STEP STEP

Ⓐ 소녀야, 너는 몇 살이니?

Ⓑ 저는 11살이예요.

Ⓐ 그럼 너는 나보다 40살이 적구나.

Ⓑ 당신은 51살인가요?

Ⓐ 그렇단다.

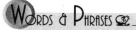

WORDS & PHRASES ☺

• старше : 더 나이든
• моложе : 더 어린

58

온 스따르쉐 바스 나 빠찌 레뜨
Он старше вас на пять лет.

스꼴꼬 찌볘 레뜨 제보치까
Ⓐ **Сколько тебе лет, девочка?**

므녜 아진낫짜찌 레뜨
Ⓑ **Мне одиннадцать лет.**

누 뜨이 멀로제 미냐 나 쏘록 레뜨
Ⓐ **Ну, ты моложе меня на сорок лет.**

밤 빠앗지샤뜨 아진 고트
Ⓑ **Вам пятьдесят один год?**

다
Ⓐ **Да.**

Ⓐ 꼬마야, 너는 몇 살이니?

Ⓑ 그건 제가 누구랑 가느냐에 달렸어요.

Ⓐ 그게 무슨 말이니?

Ⓑ 제가 아빠랑 갈 때는 저는 여섯 살이 되구요,

또 엄마랑 갈 때는 네 살이 되니까요.

WORDS & PHRASES

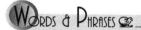

• зависить от : ~에 달려 있다

에떠 자비시뜨 오뜨 따보
Зто зависит от того.

──────

A
말칙 스꼴꼬 찌볘 례뜨
Мальчик, сколько тебе лет?

──────

B
에떠 자비시뜨 오뜨 따보 스 께옘 야 이두
Зто Зависит от того, с кем я иду.

──────

A
깍 딱
Как так?

──────

B
꺼그다 야 이두 스 빠뽀이 므녜 쉐예 스찌 녜뜨
Когда я иду с папой, мне шесть лет,

──────

아 스 마모이 치뜨이례 고다
а с мамой, четыре года.

61

Ⓐ 오늘은 무슨 요일입니까?

Ⓑ 오늘은 토요일입니다.

Ⓐ 어제는 무슨 요일이었습니까?

Ⓑ 어제는 금요일이었습니다.

　내일은 일요일입니다.

WORDS & PHRASES 32

• быть : ~이다

까꼬이 시보드냐 젠
Какой сегодня день?

까꼬이 시보드냐 젠
Ⓐ Какой сегодня день?

시보드냐 수보따
Ⓑ Сегодня суббота.

까꼬이 젠 브일 브체라
Ⓐ Какой день был вчера?

브체라 브일라 빠뜨니짜
Ⓑ Вчера была пятница.

잡뜨라 부지뜨 바스끄례센예
Завтра будет воскресенье.

STEP STEP

Ⓐ 당신은 언제 경기장에 갔습니까?

Ⓑ 수요일에요.

Ⓐ 화요일에는 어디에 갔었습니까?

Ⓑ 화요일에는 아무데도 가지 않았습니다.

온 종일 집에 있었습니다.

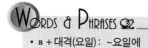

WORDS & PHRASES ㉜

• B + 대격(요일) : ~요일에

브 스레두
В среду

А
꺼그다 브이 브일리 나 스따지오녜
Когда вы были на стадионе?

В
브 스레두
В среду.

А
꾸다 브이 브일리 보 프또르니끄
Куда вы были во вторник?

В
보 프또르니끄 녜꾸다 녜 브일
Во вторник некуда не был.

베시 젠 도마
Весь день дома.

22. 오늘은 며칠입니까?

Ⓐ 오늘은 며칠입니까?

Ⓑ 오늘은 2월 4일입니다.

Ⓐ 그저께는 며칠이었습니까?

Ⓑ 2월 2일이었습니다.

Ⓐ 모레는 며칠입니까?

Ⓑ 2월 6일입니다.

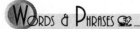

WORDS & PHRASES

• 날짜를 말할 때는 서수의 중성형+달의 생격을 사용한다

까꼬예 시보드냐 치슬로
Какое сегодня число?

A 까꼬예 시보드냐 치슬로
Какое сегодня число?

B 시보드냐 치뜨뵤르또예 페브랄야
Сегодня четвёртое февраля?

A 까꼬예 치슬로 브일로 빠자부체라
Какое число было позавчера?

B 브따로예 페브랄야
Второе февраля?

A 까꼬예 치슬로 부지뜨 뽀슬레 잡뜨라
Какое число будет после завтра?

B 쉐스또예 페브랄야
Шестое февраля?

Ⓐ 소련에서 학기는 10월에 시작됩니까?

Ⓑ 10월요?

아니요, 그것은 9월에 시작됩니다.

Ⓐ 당신은 6월에 휴가가 있습니까?

Ⓑ 아니요.

저는 8월에 휴가가 있습니다.

WORDS & PHRASES 32

• B + 달의 전치격 : ~월에

브 악짜브례
В октябре

브 에스에스에스에르
우체브느이 고트
Ⓐ Учебный год в СССР

나취나이쨔 브 악짜브례
начннается в октябре?

브 악짜브례
Ⓑ В октябре?

네뜨 에떠 나취나이쨔 브 센쨔브례
Нет. Это начннается в сентябре.

우 바스 부지뜨 오뜨뿌스끄 브 이유녜
Ⓐ У вас будет отпуск в июне?

네뜨
Ⓑ Нет.

우 나스 부지뜨 오뜨뿌스끄 브 압구스쩨
У нас будет отпуск в августе.

69

Ⓐ 그는 어디에서 태어났습니까?

Ⓑ 그는 모스크바에서 태어났습니다.

그의 조국은 러시아입니다.

Ⓐ 그는 언제 태어났습니까?

Ⓑ 그는 1962년

4월 12일에

태어났습니다.

그제 온 로질샤
Где он родлися?

그제 온 로질샤
Ⓐ Где он родлися?

온 로질샤 브 마스끄볘
Ⓑ Он родлися в москве.

이보 로지나 로시야
Его родлина россия.

꺼그다 온 로질샤
Ⓐ Когда он родлися?

온 로질샤 드볘낫짜또예
Ⓑ Он родлися Двенаддатое

아쁘롈야 뜨이샤차 제비쩨소뜨
апреля тысяча Девятьсот

쉐스찌지샤뜨 프따로버 고다
шестьДесят второго года.

71

(A) 이런, 또 내 시계가 늦는군.

셰일라, 몇 시니?

(B) 내 시계로는 3시 30분이야.

(A) 그것이 정확하니?

(B) 응

(A) 그럼 좋아, 고마워.

(B) 뭐 별로

WORDS & PHRASES

- час : 시간
- часы : 시계

72

까또르이 차스
Который час?

누 아빠찌 마이 치쓰이 웃스따유뜨
Ⓐ Ну, опять мои часы отстают.

쉐일라 까도르이 차스
Шейла, который час?

나 마이흐 치싸흐 빨로비나 치뜨뵤르또보
Ⓑ На моих часах половнна четвёртого.

에떠 쁘라빌노
Ⓐ Это правнльно?

다
Ⓑ Да.

누 하라쇼 스빠시바
Ⓐ Ну хорошо, спаснбо.

니체보 빠좔스따
Ⓑ Ннчего пожалуйста.

73

Ⓐ 저어, 몇 시입니까?

Ⓑ 지금은 3시 55분입니다.

Ⓐ 고맙습니다.

중앙공원이 여기에서 먼지 어떤지

말해 주세요.

Ⓑ 아니요, 가깝습니다.

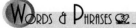

WORDS & PHRASES 32

- сейчас: 지금
- далеко: 먼
- ли: ~인지 아닌지

시차스 취띄례
Сейчас четыре.

Ⓐ 붓째 다브르이 까또르이 차스
Будьте добры, который час?

Ⓑ 시차스 베스 빠찌 미누뜨 3:55 치뜨이례
Сейчас без пяти (минут) четыре.

Ⓐ 스빠시바
Спасибо.

스까쥐쩨 빠죌루이스따
Скажите, пожалуйста,

짼뜨랄느이 빠르끄 달리꼬
центральный парк далеко

리 오뜨슈다
ли отсюда.

Ⓑ 네뜨 블리즈꼬
Нет, близко.

A 뻬짜, 만약에 내가 너에게

5개의 사과를 주고, 그 다음 네가

하나를 더 받는다면? 네가 사과를

몇 개나 가지게 되는지 말해주렴.

B 일곱 개요!

A 아니, 어째서 일곱 개지?

B 이미 제게 하나가 있거든요.

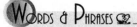

WORDS & PHRASES ☞

- яблок: 사과
- дать: 주다
- получить: 받다

스꼴꼬 야블록 우 찌뱌
Скодько яблок у тебя?

스까쥐 뻬쨔 스꼴꼬 야블록 우
Ⓐ Скажи, Петя, сколько яблок у

찌뱌 부지뜨 예슬리 야 담 짜볘
тебя будет, если я дам тебе

빠찌 야블록 아 빠돔 뜨이 빨루치쉬
5 яблок, а потом ты получишь

이쇼 아드노
ещё одно?

셈
Ⓑ Семь!

누 빠체무 줴 셈
Ⓐ Ну, почему же семь?

아 아드노 우 미냐 우줴 예스찌
Ⓑ А одно у меня уже есть.

77

28. 사전 없이 공부하니?

STEP by STEP

Ⓐ 블라지미르, 안녕!

Ⓑ 안녕, 막심!

　하는 일은 어떠니?

Ⓐ 모두가 정상적이야

　너 노한사전 있니?

Ⓑ 유감스럽게도, 없는데.

Ⓐ 사전없이 공부하니?

Ⓑ 아니야.

　지난 주에 잃어 버렸어.

이주차이쉬 베스 슬로바랴
Изучаешь без словаря?

Ⓐ
블라지미르 즈드라스부이
Владꙇмꙇр, здравствуй !

Ⓑ
즈드라스부이 막심
Здравствуй, Максꙇм !

깍 뜨바이 젤라
Как твоꙇ дела ?

Ⓐ
프쇼 브 빠랴드꼐
Всё в порядке .

우 찌뱌 예스찌 루스꼬 까례이스끼이
У тебя есть русско -корейскꙇй

슬로바리
словарь ?

Ⓑ
꼬 싸좔례니유 우 미냐 녜뜨 슬로바랴
К сожаленю, у меня нет словаря .

Ⓐ
이주차이쉬 베스 슬로바랴
Изучаешь без словаря ?

Ⓑ
녜뜨
Нет .

나 쁘로쉴로이 니젤예 빠쩨랴알
На прошлой неделе потерял .

79

Ⓐ 방해해서 미안합니다. 보리스.

Ⓑ 무슨 말을! 아닙니다.

Ⓐ 당신은 러시아 문학을 좋아하시죠?

Ⓑ 의심할 여지 없이

지금도 뚜르게네프의 <첫사랑>을

읽고 있습니다.

Ⓐ 마침 제게 그 책에 대한

숙제가 있습니다.

부탁하는 데

거절하지 말아주세요.

이즈비니쩨 자 베스바꼬이스뜨보
Извнните за беспокойство.

이즈비니쩨 자 베스빠꼬이스뜨보 보리스
Ⓐ Извнните за беспокойство, Борнс.

누 쉬또 브이 니체보
Ⓑ Ну что вы! Ннчего.

브이 류비쩨 루스꾸유 리쩨라뚜루
Ⓐ Вы любнте русскую лнтературу?

베즈 삼녜니야
Ⓑ Без сомнення.

이 시차스 야 치따유 뻬르바야
И сейчас я чнтаю 〈Первая

류봅 뚜르게녜바
любовь〉 Тургенева.

깍 라스 우 미냐 다마쉬나야
Ⓐ Как раз у меня Домашная

라보따 아 에또이 끄니계
робота о зтой кннге.

쁘로슈 바스 녜 스쩨스냐이쩨시
Прошу вас, не стесняйтесь,

빠좔스따
пожалуйста.

81

Ⓐ 세르게이, 당신을 보게 되서

너무 기뻐요.

오랫동안 당신을 찾았는데 볼 수가 없었어요.

Ⓑ 왜, 무슨 일이 생겼나요?

Ⓐ 아니예요, 아무일도.

저, 제 일을

도와주지 않겠어요?

Ⓑ 거절하지 않겠어요.

Ⓐ 좋아요, 고마워요.

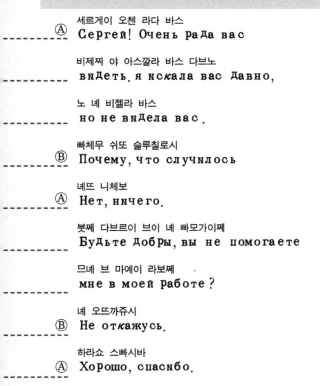

빠모가이쩨 므녜 브 마예이 라보쩨
Помогаете мне в моей работе?

세르게이 오첸 라다 바스
Ⓐ Сергей! Очень рада вас

비제찌 야 아스깔라 바스 다브노
вндеть. я нскала вас Давно,

노 녜 비젤라 바스
но не вндела вас.

빠체무 쉬또 슬루칠로시
Ⓑ Почему, что случнлось

녜뜨 니체보
Ⓐ Нет, ннчего.

붓쩨 다브르이 브이 녜 빠모가이쩨
Будьте Добры, вы не помогаете

므녜 브 마예이 라보쩨
мне в моей работе?

녜 오뜨까쥬시
Ⓑ Не откажусь.

하라쇼 스빠시바
Ⓐ Хорошо, спаснбо.

Ⓐ 어디에 갔었어요, 어제는?

Ⓑ 저는 도서관에 갔었습니다.

Ⓐ 당신의 도서관은

몇 층입니까?

Ⓑ 우리 도서관은

6층입니다.

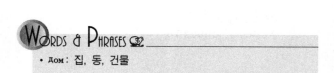

WORDS & PHRASES 32

• дом : 집, 동, 건물

스꼴꼬 에따줴이 돔아
Сколько этажей Дома?

그제 브이 브일리 프체라
Ⓐ Где вы былн вчера?

야 브일 브 비블리아쩨께
Ⓑ Я был в бнблнотеке.

스꼴꼬 에따줴이 브 비쉐이
Ⓐ Сколько этажей в вашей

비블리아쩨께
бнблнотеке

브 나쉐이 비블리아쩨께 쉐스찌
Ⓑ В нашей бнблнотеке шесть

에따줴이
этажей.

Ⓐ 죄송합니다. 들어가도 될까요?

Ⓑ 네, 앉으세요.

Ⓐ 저와 당신은 지난주에 전화로

얘기를 나누었습니다.

저의 성은 소꼬로프입니다.

Ⓑ 오, 안녕하세요!

당신의 연구소 입소가 허락되었습니다.

축하드립니다.

Ⓐ 고맙습니다.

너무 기뻐요.

쁘로스찌쩨 모쥐노 바이찌
Простnте, можно войтn?

쁘로스찌쩨 모쥐노 바이찌
Ⓐ Простnте, можно войтn?

다 빠좔스따 싸지쩨시
Ⓑ Да, пожалуnста саднтесь.

므이 스 바미 나 쁘로쉴로이 니젤예
Ⓐ Мы с вамn на прошлой неделе

거버릴리 빠 찔리포누
говорnлn по телефону.

마야 파밀리야 사깔로프
Моя Фамnлnя Соколов.

누 즈드라스부이쩨
Ⓑ Ну, здравствуйте!

바스 쁘리냘리 브 인스찌뚜뜨
Вас nрnнялn в nнстnтут,

빠즈드라블랴유 바스
поздравляю вас.

스빠시바
Ⓐ Спаснбо.

야 오첸 라드
Я очень рад.

87

33. 추운 날씨에도 불구하고?

Ⓐ 아이들은 어디를 갔습니까?

Ⓑ 그들은 놀러 나갔습니다.

Ⓐ 추운 날씨에도 불구하구요?

Ⓑ 비록 날씨가 춥다 해도, 길거리에는

수많은 아이들이 있어요.

Ⓐ 이제 돌아올 시간이군요.

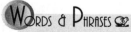

WORDS & PHRASES 💬

- играть : 놀다
- хотя : 비록 ~할 지라도

니스모뜨랴 나 할로드누유 빠고두
Несмотря на холоднуюпогоду?

꾸다 제찌 빠쉴리
Ⓐ Куда дети пошли?

아니 빠쉴리 이그라찌
Ⓑ Они пошли играть.

니스모뜨랴 나 할로드누유
Ⓐ Несмотря на холодную

빠고두
погоду?

하쨔 할로드나야 빠고다 나
Ⓑ Хотя холодная погода, на

울리쩨 브일로 므노거 지쩨이
улице было много детей.

시차스 빠라 쁘리이찌 다모이
Ⓐ Сейчас пора прийти домой.

89

Ⓐ 오늘은 멋진 날씨야.

나는 산책하러 가려던 참이다.

Ⓑ 정말!

어제는 종일 비가 왔지만,

오늘은 올 것 같지 않군.

아, 나는 즐겁지 못해.

Ⓐ 왜?

Ⓑ 왜냐면 난 집에 있어야 돼,

내일 시험이 있거든.

야 보뜨 싸비라유시 빠굴랴찌
Я вот собираюсь погулять.

А
시보드냐 추제스나야 빠고다
Сегодня чудесная погода.

야 보뜨 싸비라유시 빠굴랴찌
Я вот собираюсь погулять.

В
제이스뜨비찔노
Действительно!

브체라 숄 도쉬 볘시 젠
Вчера шёл дождь весь день,

노 시보드냐 도좌 녜 부지뜨
но сегодня дождя не будет.

누 므녜 녜 볘셀로
Ну, мне не весело.

А
빠체무
Почему?

В
빠따무 쉬또 야 돌젠 브이찌
Потому что я должен быть

도마 우 미냐 엑자멘느이 잡뜨라
Дома, у меня зкзамены завтра.

Ⓐ 누가 창문을 열었습니까?

Ⓑ 제가요.

제가 창문을 열었습니다. 왜냐면

너무 더워서요.

아이스크림 드시지 않겠어요?

Ⓐ 저는 아이스크림을 좋아하지

않습니다. 저는 과일을 원합니다.

특히 사과를.

끄또 아뜨끄르일 아끄노
Кто открыл окно?

꼬또 아뜨끄르일 아끄노
Ⓐ Кто открыл окно?

에떠 야
Ⓑ Зто я.

야 아뜨끄르일 아끄노 빠따무 쉬또
Я открыл окно, потому что

브일로 오첸 좌르꼬
было очень жарко.

브이 하찌쪠 예스찌 마로쥐노예
Вы хотnте есть мороженое?

아 야 류블류 녜 마로쥐노예
Ⓐ А я люблю не мороженое,

야 하추 프룩뜨이
я хочу фрукты.

아쏘벤노 야쁠로꼬
Особенно яблоко.

Ⓐ 어느 계절을 좋아하십니까?

Ⓑ 저는 겨울을 좋아합니다.

  왜냐하면, 전 수영은 못하지만,

  스케이트는 탈 수 있거든요.

  당신은?

Ⓐ 저도 역시 겨울입니다.

  저는 흰 눈을 좋아합니다.

WORDS & PHRASES 32
- белый : 하얀, 흰
- снег : 눈

까꼬이 세존 브이 류비째
Какой сезон вы любите?

까꼬이 세존 브이 류비째
Ⓐ **Какой сезон вы любите?**

야 류블류 지무
Ⓑ **Я люблю зиму.**

빠따무 쉬또 야 니 우메유 쁠라바찌
Потому что, я не умею плавать,

노 우메유 까따짜 나 꼰까흐
но умею кататься на коньках

아 브이
А вы?

야 또줴 지무
Ⓐ **Я тоже зиму.**

야 류블류 벨르이 스넥
Я люблю белый снег.

37. 늦게 도착했구나

STEP *by* STEP

Ⓐ 세르게이, 벌써 두 시야!

왜 이렇게 늦게

도착했니?

Ⓑ 미안해, 올렉.

우리의 약속을 잊고 있었어.

Ⓐ 언제나 처럼?

WORDS & PHRASES 🎵

- забыть : 잊다
- собрание : 만남, 약속

뜨이 쁘리숄 뽀즈도노
Ты пршёл поздно!

세르게이 우줴 드바 치사
Ⓐ Сергей, уже два часа!

빠체무 뜨이 쁘리숄 슈다
Почему ты пршёл сюда

딱 뽀즈드노
так поздно?

이즈비째 올렉
Ⓑ Извните, Олег.

야 자브일 나쉐 사브라니예
Я забыл наше собранне.

깍 프시그다
Ⓐ Как всегда?

Ⓐ 오, 이반!
_____

Ⓑ 미안합니다. 정말.
_____

얼마나 오래 저를 기다리셨습니까?
_____

Ⓐ 약 30분 정도요.
_____

무슨 일이 있었나요?
_____

Ⓑ 도중에 옛 친구들을 만났습니다.
_____

서둘렀지만, 늦었군요.
_____

Ⓐ 괜찮아요, 신경 쓰지 마세요.
_____

어디로 갈까요?
_____

깍 돌거 브이 쥐달리 미냐
Как долго вы ждали меня?

오 이반
Ⓐ **О, Иван!**

이즈비니쩨 빠좔스따
Ⓑ **Извините, пожалуйста.**

깍 돌거 브이 쥐달리 미냐
Как долго вы ждали меня?

오깔로 뜨리드짜찌 미누뜨
Ⓐ **Около тридцати минут.**

쉬또 스 바미
Что с вами?

브 다로계 야 브스뜨례찰 스따르이흐
Ⓑ **В дороге я встречал старых**

드루고프 야 스뻬쉴 노 아빠즈달
другов. Я спешил, но опоздал.

니체보 녜 베스빠고이쩨시
Ⓐ **Ничего, не беспокойтесь.**

꾸다 빠이죠옴
Куда пойдём?

99

STEP STEP

Ⓐ 당신은 무엇을 공부하고 있습니까?

Ⓑ 나는 2년 동안 러시아어를

공부하고 있습니다.

그것은 재미있습니다.

Ⓐ 당신은 하루에 몇 시간

공부를 합니까?

Ⓑ 세 시간합니다.

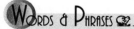

WORDS & PHRASES

• язык : 언어

야 이주차유 루스끼 이직
Я изучаю русскй язык.

쉬또 브이 이주차이쩨
Ⓐ **Что вы изучаете?**

야 이주차유 루스끼 이직 드바
Ⓑ **Я изучаю русскй язык Два**

고다 에떠 인쩨레스노
года. Это интересно.

스꼴꼬 브레메니 브이
Ⓐ **Сколько времен вы**

이주차이쩨 브 젠
изучаете в день?

뜨리 치싸
Ⓑ **Три часа.**

Ⓐ 러시아어로 말할 수 있습니까?

Ⓑ 저는 러시아어로 얘기할 수 있습니다.

읽고 쓸 수도 있습니다.

Ⓐ 제가 당신에게 얘기한 것을 이해하십니까?

Ⓑ 네, 지금은요.

만약 당신이 너무 빨리 말한다면,

그 경우엔 전혀 이해하지 못합니다.

조금만 느리게 하십시오.

야 가버류 빠 루스끼
Я говорю по-русски.

모줴쩨 리 브이 거버리찌
(A) **Можете ли вы говорить**

빠 루스끼
по-русски?

야 우메유 라즈거바리바찌 빠 루스끼
(B) **Я умею разговаривать по-русски.**

야 마구 치따지 리 삐싸찌
Я могу читать и писать.

브이 빠니마이쩨 쉬또 야 밤 거버류
(A) **Вы понимаете, что я вам говорю?**

다 찌빼리
(B) **Да, теперь.**

예슬리 브이 거버리쩨 슬리쉬꼼
Если вы говорите слишком

브이스뜨로 브 또옴 슬루차예 야 니 마구
быстро, в том случае, я не могу

빠냐찌 니므노거 몌들롄녜예
понять совсем. Немного медленнее!

103

Ⓐ 당신들은 여행자들입니까?

Ⓑ 네, 우리는 러시아인입니다.

Ⓐ 안내자가 있습니까?

Ⓑ 아니요, 우리에겐 안내자가 없습니다.

Ⓐ 박물관이 마음에 드십니까?

Ⓑ 좋은데요. 전 박물관에 매혹되었습니다.

Ⓐ 한국인의 역사에 대해

   더 알고 싶으십니까?

밤 느라비짜 무제이
Вам нравнтся музей?

밤 느라비짜 무제이

Ⓐ 브이 뚜리스뜨이
Вы турнсты?

Ⓑ 다 므이 루스끼예
Да. Мы русскне.

Ⓐ 우 바스 예스찌 기트
У вас есть гнд?

Ⓑ 네뜨 우 나스 녜 기다
Нет, у нас не гнда.

Ⓐ 밤 느라비짜 무제이
Вам нравнтся музей?

Ⓑ 하라쇼 야 류부유시 무제야미
Хорошо. Я любуюсь музеямн.

Ⓐ 브이 하찌쩨 쉬또 즈나찌 볼례예
Вы хотнте, что знать более

압 이스또리이 까례이짜
об нсторнн корейца?

Ⓐ 당신은 무엇을 마시겠습니까 맥주 혹은 와인?

Ⓑ 가능하다면, 와인으로요.

Ⓐ 물론 가능하죠.

　드라이 와인으로요?

Ⓑ 좋습니다.

Ⓐ 무엇을 건배할까요?

Ⓑ 우리의 만남을 위해!

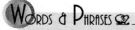

WORDS & PHRASES 32

- за + 대격 : (건배할 때) ~을 위해
- встреча : 만남

자 나슈 프스뜨례추
За нашу встречу!

쉬또 브이 부지쩨 삐찌 삐보 일리 비노
Ⓐ Что вы будете пить : пиво или вино?

예슬리 모쥐노 비노
Ⓑ Если можно, вино.

까네쉬노 모쥐노
Ⓐ Конечно можно.

수호예 비노
Сухое вино?

하라쇼
Ⓑ Хорошо.

자 쉬또
Ⓐ За что?

자 나슈 프스뜨례추
Ⓑ За нашу встречу!

Ⓐ 당신은 공부를 하십니까 아니면 일을 하십니까?

Ⓑ 공부를 합니다.

Ⓐ 어디에서요? 대학에서요?

Ⓑ 네.

Ⓐ 무슨 과에서 공부하십니까?

Ⓑ 노문학과에서 공부합니다.

대학 졸업 후에도 공부를

계속할 계획입니다.

브이 우치쩨씨 일리 라보따이쩨
Вы чнтесь нлн работаете?

브이 우치쩨씨 일리 라보따이쩨
Ⓐ Вы учнтесь нлн работате ?

우추씨
Ⓑ Yчусь.

그제 브 우니베르시쩨쩨
Ⓐ Где? В унnверсnтете ?

다
Ⓑ Да.

나 까꼼 파꿀쩨쩨 브이 우치쩨씨
Ⓐ На каком факультете вы учнтесь?

야 우추씨 나 루스꼼 리쩨라뚜례
Ⓑ Я учусь на русском лnтературе.

파꿀쩨쩨
Факультете.

뽀슬레 아꼰차니야 우니베르시쩨따
После окончанnя унnверсnтета

야 부두 쁘로돌좌찌 우치쨔
я буду продолжать учnться.

Ⓐ 어떤 단과대학을 졸업하셨습니까?

Ⓑ 아니요, 단과대학이 아닙니다.

저는 직업기술학교를 졸업하였습니다.

지금 저는 제지공장에서 일하고

있습니다.

Ⓐ 자신의 일을 좋아하십니까?

Ⓑ 어렵지만, 매우 좋아합니다.

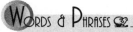

WORDS & PHRASES

• бумажный : 종이의

야 아꼰칠 쩨흐니꿈
Я окончил техникум.

까꼬이 인스찌뚜뜨 브이 아꼰칠
(A) **Какой институт вы окончил?**

녜뜨 녜 인스찌뚜뜨
(B) **Нет, не институт.**

야 아꼰칠 쩨흐니꿈
Я окончил техникум.

찌뗼 야 라보따유 나
Теперь я работаю на

부마쥐노이 파브리께
бумажной фабрике.

브이 류비쩨 스바유 라보뚜
(A) **Вы любите свою работу?**

에떠 뜨루드노 므녜 노 야 오첸 류블류
(B) **Это трудно мне, но я очень люблю.**

Ⓐ 그는 직업이 무엇입니까?

Ⓑ 빠벨, 말씀이신가요?

Ⓐ 네.

Ⓑ 아직 모르셨어요?

그는 기사입니다.

그는 중앙 전신국에서 일합니다.

WORDS & PHRASES 32

- специальность : 특수, 전문
- значить : 의미하다, 뜻하다

끄또 온 빠 스뻬찌알노스찌
Кто он по специальности?

끄또 온 빠 스뻬찌알노스찌
Ⓐ Кто он по специальности?

브이 즈나치쩨 빠벨
Ⓑ Вы значите, Павел?

다
Ⓐ Да.

브이 네 즈나이쩨 이쇼
Ⓑ Вы не знаете ещё?

온 인줴녜르
Он инженер.

온 라보따이뜨 브 젠뜨랄느이흐
Он работает в Центральных

찔리그라페
Телеграфе.

Ⓐ 안나, 저와 함께 커피 마시지

　　앉겠어요?

Ⓑ 싫은데요.

Ⓐ 커피가 싫으세요?

Ⓑ 저는 당신이 싫어요.

WORDS & PHRASES 32

- хотеть : 원하다
- пить : 마시다
- любить : 사랑하다, 좋아하다
- со мной; с+мной에 모음 о가 첨가

114

야 녜 류블류 바스
Я не люблю вас.

안나 브이 녜 하찌쩨 삐찌
Ⓐ Анна, вы не хотите пить

꼬폐 사 므노이
*к*офе со мной?

야 니 하추
Ⓑ Я не хочу.

브이 녜 류비쩨 꼬폐
Ⓐ Вы не любите *к*офе?

야 녜 류블류 바스
Ⓑ Я не люблю вас.

Ⓐ 여기서 담배 피워도 됩니까?

Ⓑ 아니오. 여기선 흡연하시면 안됩니다.

강의실에서는 담배를 피우지 않고,

공부를 합니다.

빅또르, 그렇게 많이 담배를 피우지

마십시오.

해롭습니다.

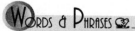

WORDS & PHRASES ♋

• нельзя: 금지되다. ~해서는 안된다.

모쥐노 꾸리찌 즈제시
Можно курнть здесь?

모쥐노 꾸리찌 즈제시
Ⓐ Можно курнть здесь?

녜뜨 즈제시 닐리쟈 꾸리찌
Ⓑ Нет, здесь нельзя курнть.

브 아우지또리이 녜 꾸랴뜨 노
В аудиторнн не курят, но

자니마유짜
занимаются.

빅또르 녜 누쥐노 딱
Виктор, не нужно так

므노거 꾸리찌
много курнть.

에떠 브레드노
Это вредно.

117

Ⓐ 빅또르에겐 형제와 누이가 있습니까?

Ⓑ 아마 있을 겁니다.

Ⓐ 그에겐 부모님이 계십니까?

Ⓑ 네, 계십니다.

Ⓐ 그의 가족은 몇 사람입니까?

Ⓑ 아마 5~7명일 겁니다.

Ⓐ 그들은 어디에 삽니까?

Ⓑ 전에는 모스크바에서 살았습니다.

Ⓐ 지금 그의 가족은 어디에서 삽니까?

Ⓑ 잘 모르겠군요.

스꼴꼬 칠라벡 브 놈 섬예
Сколько человек в нём семье?

우 빅또라 예스찌 브라쩌야 이 쇼스뜨르이
Ⓐ Y Виктора есть братья и сёстры?

나베르노 예스찌
Ⓑ Наверно есть.

우 녜보 예스찌 로지쨀리
Ⓐ Y него есть родители?

다 예스찌
Ⓑ Да, есть.

스꼴꼬 칠라벡 브 놈 셈예
Ⓐ Сколько человек в нём семье?

모줴뜨 브이찌 빠찌 셈 칠라벡
Ⓑ Может быть, пять - семь человек.

그제 쥐부뜨 아니
Ⓐ Где живут они?

란쉐 아니 쥘리 브 마스끄볘
Ⓑ Раньше они жили в москве.

시차스 그제 이보 셈야 쥐뵤뜨
Ⓐ Сейчас, где его семья живёт?

야 니 즈나유 또쉬노
Ⓑ Я не знаю точно.

119

Ⓐ 당신은 직장까지 걸어서 다니십니까,

아니면 차를 타고 다니십니까?

Ⓑ 차를 타고 다닙니다.

Ⓐ 어떤 식으로 타고 다니십니까?

Ⓑ 저는 차를 갈아타야만 합니다.

우선 저는 4번 버스를 타고,

다음 지하철을 탑니다.

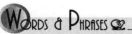

WORDS & PHRASES 32

- хоДить: 걸어서 다니다
- пешком: 걸어서
- езДить: 타고 다니다

120

므녜 쁘리호지짜 예지찌 스 뻬리사드꼬이
Мне прцходцтся ездцть с пересадкой

А 브이 하지쩨 나 라보뚜 뻬쉬꼼
Вы ходцте на работу пешком

일리 예지쩨
цлц ездцте ?

В 야 예쥬
Я езжу.

А 깍 브이 예지쩨
Как вы ездцте?

В 므녜 쁘리호지짜 예지찌 스
Мне прцходцтся ездцть с

뻬리사드꼬이
пересадкой.

스나찰라 야 예쥬 나 치뜨뵤르또옴
Сначала я езжу на четвёртом

압또부셰 빠돔 나 미뜨로
автобусе, потом на метро.

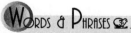

WORDS & PHRASES

- пересадка : 갈아타는 것
- прцходцться : ~해야 하게 되다

121

50. 지하철을 이용합니다

Ⓐ 안톤! 지하철 안에서 만나다니!

어디를 가십니까?

Ⓑ 학교에 갑니다.

Ⓐ 당신은 지하철을 자주 타십니까?

Ⓑ 아뇨.

가끔씩 지하철을 이용합니다.

Ⓐ 음, 저기에 빈 자리가 있군요!

WORDS & PHRASES

- метро : 지하철(불변 명사)
- В метро : 지하철 안에서
- на метро : 지하철을

122

뽈주유시 미뜨로
Пользуюсь метро.

안똔 까까야 브스뜨례차 브
Ⓐ Антон! Какая встреча в

미뜨로 꾸다 브이 이죠쩨
метро! Куда вы идёте?

브 쉬꼴루
Ⓑ В школу.

브이 차스또 예지쩨 나 미뜨로
Ⓐ Вы часто ездите на метро?

네뜨
Ⓑ Нет.

이노그다 뽈주유시 미뜨로
Иногда пользуюсь метро.

누 땀 스바보드노예 메스떠
Ⓐ Ну, там свободное место!

WORDS & PHRASES

• пользовать+ 조격 : ~을 이용하다

123

51. 비행기 타 보셨습니까?

Ⓐ 비행기를 타 보셨습니까?

Ⓑ 네.

Ⓐ 최근에 가신 곳이 어디입니까?

Ⓑ 제주도입니다.

Ⓐ 비행기 표는 어디에서 팝니까?

Ⓑ 공항 매표소에서 팝니다.

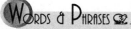

WORDS & PHRASES ❸❷

- последний : 마지막
- продать : 팔다

브이 례딸리 나 사말료쩨
Вы летали на самолёте?

브이 례딸리 나 사말료쩨
Ⓐ **Вы летали на самолёте?**

다
Ⓑ **Да.**

꾸다 브이 례딸리 빠슬례드니이 라스
Ⓐ **Куда вы летали последний раз?**

브 제주
Ⓑ **В Чеджу.**

그제 쁘로다유뜨 빌례뜨이 나 사말료뜨
Ⓐ **Где продают билеты на самолёт?**

브 까세 아에로뽀르따
Ⓑ **В кассе аэропорта.**

125

52. 기차를 타고 갑니다

ⓐ 일요일엔 무엇을 하십니까?

ⓑ 날씨가 좋으면, 기차를 타고

낚시하러 갑니다.

ⓐ 기차 타는 걸 좋아하세요?

ⓑ 네. 기차가 편안해요.

ⓐ 주로 어디로 가십니까?

ⓑ 교외로, 강가로 갑니다.

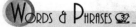

WORDS & PHRASES

- если : 만약
- удить : 낚다
- рыба : 생선

야 예쥬 뽀예즈돔
Я езжу поездом.

쉬또 브이 젤라이쩨 브 바스끄레센예
(A) **Что вы делаете в воскресенье?**

예슬리 하로샤야 빠고다 야 예쥬
(B) **Если хорошая погода, я езжу**

우지찌 르이부 뽀예즈돔
удить рыбу поездом.

브이 류비쩨 예지찌 나 보예쩨
(A) **Вы любите ездить на поезде?**

다 에떠 우도브노
(B) **Да. Это удобно.**

꾸다 브이 아브이쉬노 예지쩨
(A) **Куда вы обычно ездите?**

자 고로트 나 베례구 례끼
(B) **За город, на берегу реки.**

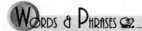

WORDS & PHRASES 32

• **река**: 강

127

STEP STEP

Ⓐ 택시!

Ⓑ 안녕하세요!

Ⓐ 경기장으로 가 주세요.

Ⓑ 좋습니다.

Ⓐ 빨리 가 주세요.

Ⓑ 안됩니다. 위험해요.

오늘은 비가 와서

길이 미끄럽습니다.

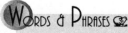

WORDS & PHRASES 32

- опасно : 위험하다
- мокрый : 미끄러운
- мне … на стадион 에서는 надо пойти 가 생략된 형태

128

르녜 나 스따지온
Мне на стадион.

딱시
Ⓐ **Такси !**

즈드라스부이쩨
Ⓑ **Здравствуйте !**

르녜 나 스따지온
Ⓐ **Мне на стадион.**

하라쇼
Ⓑ **Хорошо.**

쁘로슈 바스 예하찌
Ⓐ **Прошу вас ехать быстро.**

녜뜨 아빠스노
Ⓑ **Нет, опасно.**

시보드냐 브일 도쉬 이 다로가
Сегодня был дождь, и дорога

모끄라야
мокрая.

129

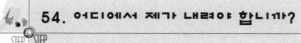
Ⓐ 제가 어디에서 내려야 하는지 좀

가르쳐 주세요.

체홉박물관에서 내려야 합니다.

Ⓑ 다음 정거장에서 내리십시요.

Ⓐ 고맙습니다.

당신은 다음 정거장에서 내리십니까?

Ⓑ 아니요, 안 내립니다.

Ⓐ 좀 지나갑시다.

Ⓑ 그러세요.

그제 므네 브이하지찌
Где мне выходить?

스까쥐쩨 빠좌스따 그제
Ⓐ Скажите, пожалуйста, где

므네 브이하지찌
мне выходить?

므네 누젠 무제이 체호바
Мне нужен музей Чехова.

나 슬레두유쒜이 아스따노브께
Ⓑ На следующей остановке.

스빠시바
Ⓐ Спасибо.

브이 스하지쩨 나 슬레두유쒜이
Вы сходите на следующей

아스따노브께
остановке?

녜뜨 녜 스하쥬
Ⓑ Нет, не схожу

빠좔스따 라즈레쉬쩨 쁘로이찌
Ⓐ Пожалуйста, разрешите пройти.

아호뜨노
Ⓑ Охотно.

131

Ⓐ 은행은 어디에 위치하고 있습니까?

Ⓑ 바로 저도 거기로 가려던 중입니다.

은행은 여기서 가깝습니다.

당신은 외국인입니까?

Ⓐ 네, 저는 프랑스인입니다.

Ⓑ 당신은 러시아어를 아주 훌륭하게

하시는군요.

Ⓐ 고맙습니다.

그제 나호지야짜 반끄
Где находится банк?

A
그제 나호지짜 반끄
Где находится банк?

B
깍 라스 야 사비라유시 빠이찌
Как раз я собираюсь пойти

뚜다 온 블리즈꼬 아뜨슈다
туда. Он близко отсюда.

브이 이노스뜨라녜츠
Вы иностранец?

A
다 야 프란쭈즈
Да, я француз.

B
브이 거버리쩨 빠 루스끼 오첸
Вы говорите по-русски очень

하라쇼
хорошо.

A
스빠시바
Спасибо.

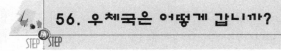

Ⓐ 실례합니다.

가까운 우체국지부까지는 어떻게

가야합니까?

저는 전보를 쳐야 합니다.

Ⓑ 서점 옆을 지나서 거리를 건너가십시오,

다음 왼쪽으로 돌아가십시요.

Ⓐ 은행은 광장의 왼쪽에 있습니까?

Ⓑ 네.

깍 다이찌 다 뽀취떠
Как дойти до почты?

이즈비니쩨 가스빠진
Ⓐ Извините господин.

스까쥐쩨 빠좔스따 깍
Скажите пожалиста, как

다이찌 다 블리좌이셰보
дойти до ближайшего

뽀치또보보 아뜨젤례니야 므녜
почтового отделения. Мне

나도 빠슬라찌 찔리그람무
надо послать телеграмму.

쁘로이지쩨 미모 끄니쥐노보
Ⓑ Пройдите мимо книжного

마가지나 이 삐리이지쩨 체레스 울리추
магазина и перейдите через улицу,

빠돔 빠지니쩨 블례보
потом возьмите влево.

에떠 날례보 오뜨 쁠로샤지
Ⓐ Это налево от площади?

다
Ⓑ Да.

Ⓐ 가게가 당신의 집으로부터 멀리 있습니까?

저는 지금 빵과 우유를

사야 합니다.

Ⓑ 아니요. 가게는 바로 옆에 있습니다.

저도 마침 거기로 가려던 참이니,

길을 알려 드릴 수 있겠군요.

Ⓐ 가게는 하루에 몇 시간

영업합니까?

Ⓑ 가게는 아침 8시부터 저녁 6시

까지 영업합니다.

야 깍 라즈 삼 뚜다 이두
Я как раз сам туда nду.

달리꼬 리 마가진 오뜨 바셰보 도마
Ⓐ Далеко лn магазnн от вашего Дома?

야 누쥐노 꾸삐찌 흘례프
Я нужно купnть хлеб

이 멀라꼬 찌볘
n молоко, теперь

네뜨 온 삽셈 랴돔
Ⓑ Нет. Он совсем ряДом.

야 깍 라즈 삼 뚜다 이두 딱 쉬또
Я как раз сам туДа nДу, так что

야 목 브이 빠까자찌 밤 다로구
я мог бы nоказать вам Дорогу

스꼴꼬 치솝 브 젠 마가진
Ⓐ Сколько часов в День магазnн

라보따이뜨
работает?

마가진 라보따이뜨 스 보칠미 치솝
Ⓑ Магазnн работает с восьмn часов

우뜨라 다 쉐스찌 치솝 부체라
утра До шестn часов вечера.

Ⓐ 이리나, 그게 뭐예요?

Ⓑ 여자 친구에게서 온 편지예요.

Ⓐ 당신은 친구들에게 자주

편지하나요?

Ⓑ 아니예요.

저는 편지쓰는 걸 좋아하지 않아요,

하지만 받는 건 좋아하죠.

WORDS & PHRASES

- подруга : 여자 친구
- друзья : 친구들
- письмо : 편지

브이 차스또 비쉬쩨
Вы часто пишите?

이리나 쉬또 에떠
Ⓐ Ирна, что зто?

애떠 삐시모 오뜨 빠드루기
Ⓑ Зто пнсьмо от подругн.

브이 차스또 비쉬쩨 스바임
Ⓐ Вы часто пишите своиnm

드루지얌
друзьям?

네뜨
Ⓑ Нет.

야 녜 류블류 비싸찌 삐시마 노
Я не люблю пнсать пнсьма, но

류블류 빨루차찌 삐시마
люблю получать пнсьма.

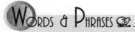

WORDS & PHRASES 32

• пнсать : 쓰다
• свой: 자신의

139

Ⓐ 안톤, 편지 받았니?

Ⓑ 응.

Ⓐ 그럼, 왜 내가 쓴 편지에

대해 답하지

않았니?

Ⓑ 미안해.

할 수가 없었어.

나는 아팠거든.

Ⓐ 저런.

빠체무 뜨이 녜 아뜨볘찔 나 삐시모
Почему ты не ответил на письмо?

안똔 뜨이 빨루칠 삐시모
Ⓐ Антон, ты получил письмо?

다
Ⓑ Да.

따그다 빠체무 뜨이 녜 아뜨볘찔
Ⓐ Тогда, Почему ты не ответил

나 삐시모 까또로예 야 찌볘
на письмо, которое я тебе

나삐쌀
написал?

쁘로스찌쩨
Ⓑ Простите.

야 녜 스목
Я не смог.

야 브일 볼롄
Я был болен.

깍 좔
Ⓐ Как жаль.

141

모스크바 K - 7 (우편구역名)

뿌쉬낀 광장 9동 21호

소꼴로프 빠벨 세르게예비치에게

반송주소 :

레닌그라드 시 사도바야거리 21동

5호

빅또르 С. И

WORDS & PHRASES

- площадь : 광장
- дом : 집, 건물, ~동
- квартира : 아파트 ~호, 방

깍 아니 나삐쌀리 아드례스
Как они написали адрес?

마스끄바
---------- Москва К-7

쁠로샤지 뿌쉬끼나 돔 제비찌 끄바르찌라 드벳낫짜찌 아진
---------- ул. Пушкина, д. 9, кв. 21

샤깔로부 빠블루 세르게예비추
---------- Соколову Павлу Сеьеевнчу

아드례스 아뜨쁘라비찔야
---------- Адрес отправнтеля:

고로트 레닌그라드 울리쨔 사도바야
---------- г. Леннн град, ул. Садовая,

돔 끄바르찌랴 빠찌
---------- д. 21, кв. 5

빅또롭
Вн к то ров С. И.

WORDS & PHRASES

- город : 도시
- улица : 거리

143

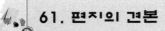

9월 15일

레닌그라드

나의 소중한 마리야!

어떻게 지내니? 나는 눈물이 날 만큼

매우 기쁘단다. 드디어 나는 진급시험에

합격했다. 곧 너에게로 갈께. 모두에게

안부전해다오.

안녕

이반.

빠뜨나드짜또예 센쨔브랴
15 сентября.

레닌그라드
Леннн град

마야 다로가야 마리야
Моя дорогая Мария!

깍 쥐뵤쉬 야 오첸 라드 다
Как жнвёшь? Я очень рад до

슬료츠 나까네츠 야 브이제르좔
слёз. Наконец я выдержал

삐리호드느이 엑자멘 스꼬로 야
переходный зкзамен. Скоро я

빠예뚜 끄 찌뻬 쁘리벳 프셰엠
поеду к тебе. Прнвет всем.

다 스비다니야
До свндання.

이반
Иван.

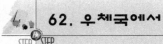

Ⓐ 전 편지들을 부쳐야 합니다.

국제 우편으로 우표가 포함된 봉투

2개를 주십시오.

Ⓑ 여기 있습니다.

Ⓐ 서울까지 편지는

얼마나 걸립니까?

Ⓑ 4일이요.

Ⓐ 모두 얼마죠?

Ⓑ 22까뻬이까입니다.

나 뽀취쩨
На почте

즈녜 나도 빠슬라찌 삐시마
Ⓐ Мне надо послать письма.

다이쩨 빠좔스따 드바
Дайте, пожалуйста. Два

깐볘르따 스 마르까미 들랴
конверта с марками для

아비아삐시마
авиаписьма.

보뜨
Ⓑ Вот.

스꼴꼬 브례메니 이죠뜨
Ⓐ Сколько времени идёт

삐시모 브 세울
письмо в Сеул?

치뜨이례 드냐
Ⓑ Четыре дня.

스꼴꼬 자 프쇼
Ⓐ Сколько за всё?

빠좔스따 드밧짜찌드바 까뼤이끼
Ⓑ Пожалуйста, 22 Копейки.

147

Ⓐ 당신은 전화를 자주 하십니까?

Ⓑ 네

Ⓐ 전화 번호가 몇 번입니까?

Ⓑ 저는 전화가 없습니다,

하지만 전화기가 집에서

멀지 않은 곳에 있습니다.

Ⓐ 그럼, 토요일에 봅시다.

Ⓑ 안녕히 가십시요.

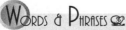

WORDS & PHRASES 32

• звоните по телефону : 전화 걸다

브이 차스또 즈바니쩨 빠 찔리포누
Вы часто звонuте по телефону?

브이 차스또 즈바니째 빠 찔리포누
Ⓐ Вы часто звонuте по телефону?

다
Ⓑ Да.

까꼬이 우 바스 노메르 찔리포나
Ⓐ Какой у вас номер телефона?

우 미냐 녜뜨 찔리포나 아
Ⓑ У меня нет телефона, а

찔리폰 압또마뜨 니달리꼬
телефон-автомат недалеко

오뜨 나쉐보 도마
от нашего Дома.

따그다 다 수보뜨이
Ⓐ Тогда, до субботы.

다 스비다니야
Ⓑ До свиДания.

149

Ⓐ 여보세요.

Ⓑ 여보세요. 까쨔 좀 바꿔주세요.

Ⓐ 그녀는 집에 없습니다.

1시간 뒤에는 집에 있을 겁니다.

그녀에게 무엇을 전해드릴까요?

Ⓑ 다시 전화를 걸겠습니다.

Ⓐ 그러십시요.

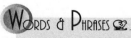

Words & Phrases

- попросите : 바꿔주십시요
- передать : 전해주다, 여기선 '전할 말이 있습니까?

빠쁘로시쩨 빠좔스따 까쥬
Попросите, пожалуйста, Катю.

알로
Ⓐ Алло.

알로 빠쁘로시쩨 빠좔스따
Ⓑ Алло, попросите, пожалуйста,

까쮸
Катю.

예요 녜뜨 도마
Ⓐ Её нет дома.

아나 부지뜨 도마 체레스 차스
Она будет дома через час.

쉬또 예요 삐리다찌
Что её передать?

녜뜨 빠즈바뉴 아뺘찌
Ⓑ Нет, позвоню опять.

하라쇼
Ⓐ Хорошо.

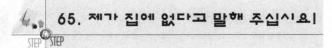

ⓐ 까쨔야, 만약 전화가 오면, 내가 집

에 없다고 말해줘.

ⓑ 좋아, 말해줄께.

- 몇분 뒤 -

ⓑ 전화 받어!

ⓐ 정말 잊어 버렸니?

내가 없다고 말해달라고

네게 부탁했었잖아.

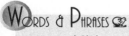

• трубка : 수화기

스까쥐쩨 쉬또 미냐 녜뜨 도마
Скажите, что меня нет Дома!

A 까쨔 예슬리 부두뜨 즈바니찌
Катя, если будут звонить,

스까쥐 쉬또 미냐 녜뜨 도마
скажи, что меня нет Дома.

B 하라쇼 야 스까쥬
Хорошо, я скажу.

체레스 니스콜꼬 미누뜨
-Через несколько минут-

B 빨루차이 뜨루브꾸
Получай трубку!

A 라즈볘 뜨이 자브일라
Разбве ты забыла?

야 쁘로실 찌뱌 스까자찌 쉬또
Я просил тебя сказать что,

미냐 녜뜨 도마
Меня нет Дома.

153

Ⓐ 엄마세요?

Ⓑ 그래, 나다.

Ⓐ 안드레이예요.

오늘 저녁에 늦게

들어갈 것 같아요.

Ⓑ 뭐라고?

잘 안들리는구나.

다시 말해다오.

우리 전화가 잘 안되는구나.

나쉬 찔리폰 쁠로호 라보따이드
Наш телефон плохо работает.

에떠 마마
Ⓐ Это мама?

다 에떠 야
Ⓑ Да, это я.

에떠 안드레이
Ⓐ Это Андрей.

시보드냐 베체롬 야 부두
Сегодня вечером я буду

쁘리이찌 뽀즈드노
прийти поздно.

쉬또
Ⓑ Что?

야 쁠로호 찌뺘 슬르이슈
Я плохо тебя слышу.

빱또리 빠좔스따 쉬또
Повторн, пожалуйста, что

뜨이 스까잘
ты сказал.

나쉬 찔리폰 쁠로호 라보따이드
Наш телефон плохо работает.

155

Ⓐ 저 레나 스미르노바 좀

바꿔주세요.

Ⓑ 여보세요, 전데요.

Ⓐ 안녕,

영화 보러 가자.

Ⓑ 그러자. 언제 갈까?

Ⓐ 가능하다면 오늘.

Ⓑ 오늘은 안돼, 내일은?

Ⓐ 좋아, 그럼 그때까지 안녕!

Ⓑ 안녕!

야 슬루샤유
Я слушаю.

Ⓐ 붓쩨 다브르이 빠쁘로시쩨
Будьте добры, попросите

끄 찔리포누 례누 스미르노부
к телефону Лену Смирнову.

Ⓑ 야 슬루샤유 에떠 야
Я слушаю. Это я.

Ⓐ 즈드라스부이 빠이죠옴
Здравствуй, пойдём

빠스모뜨림 필름
посмотрим фильм !

Ⓑ 수다볼스뜨비엠 아 꺼그다
С удовольствием. А когда?

Ⓐ 모쥐노 시보드냐
Можно сегодня.

Ⓑ 시보드냐 녜 마구 아 잡뜨라
Сегодня не могу, а завтра?

Ⓐ 하라쇼 빠까 다 브스뜨례치
Хорошо, пока, да встречи!

Ⓑ 브셰보 하로셰보
Всего хорошего!

Ⓐ 당신은 여행하는 것을 좋아하십니까?

Ⓑ 매우 좋아합니다.

Ⓐ 외국으로 나가 보신 적이 있나요?

Ⓑ 아니요, 아무데도 못 가 봤습니다.

Ⓐ 어떤 도시들을 가 보셨습니까?

Ⓑ 여러 도시들을요 : 제주, 경주,

강화도, 기타 등등

Ⓐ 여행하실 때 무엇을 타고 가시길

좋아하십니까?

Ⓑ 기차요.

류비쩨 리 뿌찌쉐스뜨보바찌
Любнте лн путешествобвать?

Ⓐ 루비쩨 리 브이 뿌찌쉐스뜨보바찌
Любнте лн вы лутешествовать?

Ⓑ 오첸 류블류
Очень люблю.

Ⓐ 브일리 리 브이 자 그라니제이
Былн лн вы за граннцей?

Ⓑ 녜뜨 네꾸다 녜 브일
Нет, некуда не был.

Ⓐ 브 까끼흐 고로다흐 브이 우줴 빠브이발리
В какнх городах вы уже побывалн?

Ⓑ 브 라즈느이흐 고로다흐 제주
В разных городах: Чеджу,

경주 강화도 이 딱 달례예
Кёнду, Канхвадо, н так далее.

Ⓐ 나 춈 브이 류비쩨 예지찌
На чём вы любнте ездить,

꺼그다 뿌찌쉐스뜨부이쩨
когда путешествуете?

Ⓑ 나 뽀예제
На поезде.

Ⓐ 지난 휴가에 어디에서

쉬셨습니까?

Ⓑ 까쁘까즈에서요.

Ⓐ 혼자서 아니면 가족들과?

Ⓑ 가족들과 또 친구들과요.

그러나 이번 휴가는 혼자서만 쉬고

싶어요.

아진 일리 스 셈요이
Одни или с семьей?

아진 일리 스 셈요이

그제 브이 아뜨이할리 브 쁘로쉴롬
Ⓐ Где вы отдыхали в прошлом

아뜨뿌스께
отпуске?

브 까브까제
Ⓑ В Кавказе.

아진 일리 스 셈요이
Ⓐ Одни или с семьёй?

스 셈요이 이 스 드루지야미
Ⓑ С семьёй, и с друзьями.

노 브 에떰 아뜨뿌스께 야 하추
Но в этом отпуске я хочу

아뜨이하찌 똘꼬 아진
отдыхать только одни.

STEP by STEP

Ⓐ 내일 시간 있으세요?

Ⓑ 아마도, 우크라이나에 있는 형에게

   가야 할 겁니다.

   그의 결혼 기념일이거든요.

Ⓐ 언제 돌아오십니까?

Ⓑ 일주일 후로 생각하고 있습니다.

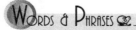

WORDS & PHRASES 🎧

• свободен : 한가한, 자유로운, 비어있는

브이 스바보드느이 잡뜨라
Вы Свободны Завтра?

브이 스바보드느이 잡뜨라
Ⓐ Вы свободны завтра?

바즈모쥐노 부두 빠예하찌
Ⓑ Возможно, буду поехать

나 우끄라이누 우 부라따
на Украйну у брата.

우 네보 부지뜨 가도브쉬나
У него будет годовщина

스바지브이
свадьбы.

꺼그다 베르뇨쩨시
Ⓐ Когда вернётесь?

두마유 체레스 나젤류
Ⓑ Думаю, через неделю.

Ⓐ 실례합니다, 당신께 여쭤봐도 될까요?

Ⓑ 네, 그러세요.

Ⓐ 어제 저녁에 클럽에 가셨었는지 알고

싶습니다.

Ⓑ 네, 갔었습니다.

Ⓐ 누구와 갔습니까?

Ⓑ 유리와 함께요.

그는 어제 기분이 좋지

않아 보였습니다.

모쥐노 끄 밤
Можно к вам?

이즈비니쩨 모쥐노 끄 밤
(A) Извините, можно к вам?

다 모쥐노
(B) Да, можно

야 하추 우즈나찌 브일리 리 브
(A) Я хочу узнать, былп лп в

끌루베 브이 브체라 베체롬
клубе вы вчера вечером.

다 야 브일
(B) Да, я бвыл.

스 껨
(A) С кем?

스 유로이
(B) С юрой.

온 쁠로허 춥스뜨보발 부체라
Он плохо чувствовал вчера,

까줴짜
кажется.

165

STEP STEP

Ⓐ 어디에서 서울까지 오셨습니까?

Ⓑ 모스끄바에서요.

Ⓐ 저는 우리 팀이 축구경기에서

이길 것이라고 확신합니다.

당신은요?

Ⓑ 아닐 것 같은데요.

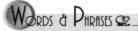

WORDS & PHRASES 32

• боаться : 무서워하다, 염려하다

바유시 쉬또 녜뜨
Боюсь, что нет.

Ⓐ 오뜨꾸다 브이 쁘리예할리 브 세울
Откуда вы приехали в Сеул?

Ⓑ 이즈 마스끄브이
Из Москвы.

Ⓐ 야 우베롄 쉬또 나샤 꼬만다
Я уверен, что наша команда

부지뜨 브이이그라찌 먀치 빠
будет выиграть мятч по

풋볼루 아 브이
Футболу. А вы?

Ⓑ 바유시 쉬또 녜뜨
Боюсь, что нет.

Ⓐ 당신은 언제 일어나십니까?

Ⓑ 7시 30분에요.

Ⓐ 아침 체조를 하십니까?

Ⓑ 유감스럽지만 하지 않습니다.

   당신은요?

Ⓐ 저는 아침마다 합니다.

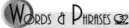

WORDS & PHRASES 32

• зарядка : 체조
• по утрам : 아침마다

꺼끄다 브이 프스따요쩨
Когда вы встаёте?

꺼그다 브이 프스따요쩨
Ⓐ Когда вы встаёте?

브 빨로비네 바시모보
Ⓑ В половнне восьмого

브이 젤라이쩨 우뜨롄누유
Ⓐ Вы делаете утреннюю

자라드꾸
зарядку?

끄 싸좔례니유 녜뜨
Ⓑ К сожаленню, нет.

아 브이
А вы?

야 젤라유 빠 우뜨람
Ⓐ Я делаю по утрам.

169

STEP STEP

Ⓐ 스포츠 좋아하니?

Ⓑ 굉장히.

내가 좋아하는 스포츠는 테니스야.

Ⓐ 얼마나 자주 스포츠에 열중하니?

Ⓑ 일주일에 두 번씩 테니스 코트에

가고 있어.

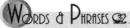

WORDS & PHRASES 32

• ßнд: 모습, 형태

모이 류빔드이 비뜨 스뽀르따 쩨니스
Мой любнмый вид спорта теннис.

(A) 뜨이 류비쉬 스뽀르뜨
Ты любншь спорт?

(B) 오첸
Очень.

모이 류빔드이 비뜨 스뽀르따 쩨니스
Мой любнмый вид спорта теннис

(A) 깍 차스또 자니마이샤
Как часто занимаешься

스뽀르또옴
спортом?

(B) 드바 라자 브 니젤유 야 하주
Два раза в неделю я хожу

나 쩨니스느이 꼬르뜨
на теннисный корт.

Ⓐ 이고리, 내일 수영장 가지

않겠니?

Ⓑ 미안해, 알렉세이.

내일 나는 아는 사람 중 한 명을

만날 거야.

그가 내게로 오겠다고 약속했거든.

Ⓐ 전혀 신경쓸 것 없어.

나는 다른 친구랑 약속할 거야.

Ⓑ 나중에 함께 가자.

Ⓐ 그래, 안녕.

뿌스짜끼 니체보 스뜨라쉬노보
Пустякн ннчего страшного.

이고리 뜨이 녜 호체쉬 빠예하찌
Ⓐ Игорь, ты не хочешь поехать

브 바세인 잡뜨라
в бассейн завтра?

쁘로스찌쩨 알렉세이
Ⓑ Простнте, Алексей.

잡뜨라 야 브스뜨레추시 아드노보
Завтра я вотречусь одного

이즈 스바이흐 즈나꼼므이흐
нз свонх знакомых.

온 아베샬 쁘리이찌 끄 므녜
Он обещал прнйтн ко мне.

뿌스짜끼 니체보 스뜨라쉬노보
Ⓐ Пустякн ннчего страшного.

야 빠아베샤유 드루고무 드루구
Я пообещаю другому другу.

다바이 빠예짐 브메스쩨 브 부두웸
Ⓑ Давай поедем вместе в будущем.

하라쇼 다 스비다니야
Ⓐ Хорошо, До свндання.

173

Ⓐ 세쯘, 내 공이 어디 있는지

모르니?

Ⓑ 장롱 뒤인지, 장롱 밑인지에서 본 것

같은데.

Ⓐ 어떤 스포츠를 가장

좋아하니?

Ⓑ 축구, 넌?

Ⓐ 나 역시 축구야.

나는 축구 선수가 되기를 바래.

야 메치따유 스따찌 풋볼리스또옴
Я мечтаю стать футболистом.

ⓐ
세묜 뜨이 녜 즈나이쉬 그제
Семён, ты не знаешь, где

모이 마치
мой мяч?

ⓑ
까줴짜 야 이보 비젤 자
Кажется, я его видел за

쉬까폼 일리 뽀트 쉬까폼
шкафом или под шкафом.

ⓐ
까꼬이 비뜨 스뽀르따 뜨이 류비쉬
Какой вид спорта ты любишь

볼쉐 프셰보
больше всего?

ⓑ
풋볼 아 뜨이
Футбол, а ты?

ⓐ
야 또줴 풋볼
Я тоже футбол.

야 메치따유 스따찌 풋볼리스또옴
Я мечтаю стать футболистом.

175

77. 기타 칠 줄 아세요?

STEP STEP

Ⓐ 당신은 기타 칠 줄 아세요?

Ⓑ 조금 더 크게 얘기해

주실 수 없을까요?

Ⓐ 기꺼이, 기타 칠 줄

아세요?

Ⓑ 아니요, 전 못해요.

그렇지만 피아노는 칠 수 있어요.

WORDS & PHRASES

• играть + на + 전치격 : ~연주하다
• рояль : 피아노
• охотно : 기꺼이

브이 우메이쩨 이그라찌 나 기따례
Вы умеете nграть на гnтаpе?

브이 우메이째 그라찌 나 기따례
(A) Вы умеете nграть на гnтаpе?

녜 마글리 브이 브이 거버리찌
(B) Не моглn бы вы говоpnтъ

니므노거 빠그롬체
немного nогромче?

아호뜨나 브이 우메이쩨 이그라찌
(A) Охотно, вы умеете nграть

나 기따례
на гnтаpе?

녜뜨 야 녜 우메유
(B) Нет, я не умею.

노 야 우메유 이그라찌 나 로얄례
Но я умею nграть на pояле.

STEP STEP

Ⓐ 빅또르, 저녁 식사 후엔 무엇을

하세요?

Ⓑ 보통, 신문을 읽거나

TV를 봅니다.

Ⓐ 어떤 프로그램들을

즐겨 보십니까?

Ⓑ 뮤지컬 프로그램들이죠.

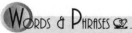

WORDS & PHRASES ③②

• передача : 프로그램

까끼예 뻬리다치 브이 류비쩨
Какие передачи вы любите?

까끼예 뻬리다치 브이 류비쩨

А 빅또르 쉬또 브이 졜라이쩨
Виктор, что вы делаете

뽀슬례 우쥐나
после ужина?

В 아브이쉬노 야 치딸 가제뚜
Обычно, я чнтал газету

일리 스모뜨류 찔리비조르
или смотрю телевнзор.

А 까끼예 뻬리다치 브이 류비쩨
Какие передачи вы любнте

스모뜨례쩨 빠 찔리비조루
смотреть по телевнзору?

В 무지깔느이예 뻬리다치
Музыкальные передачн.

179

Ⓐ 오늘 저녁에는 TV에서 무엇을

방송합니까?

Ⓑ TV를 켜주십시요.

지금 재미있는 프로그램이 방송될

겁니다.

Ⓐ TV 프로그램을

갖고 계십니까?

Ⓑ 네, 있습니다.

Ⓐ 제게 좀 보여주십시오.

브끌류치쩨 빠좔스따 찔리비조르
Включите, пожалуйста, телевизор!

ⓐ 쉬또 시보드냐 뻬체롬 부두뜨
Что сегодня вечером будут

삐리다바찌 빠 찔리비조루
передавать по телевизору?

ⓑ 브끌류치쩨 빠좔스따
Включите, пожалуйста,

찔리비조르 시차스 부지뜨
телевизор. Сейчас будет

인쩨롞스나야 삐리다차
интересная передача.

ⓐ 우 바스 예스찌 찔리비지온나야
У вас есть телевизионная

쁘로그람마
программа?

ⓑ 다 예스찌
Да, есть.

ⓐ 빠까쥐쩨 므녜 빠좔스따
Покажите мне, пожалуйста.

181

Ⓐ 이 신문 다 보셨습니까?

Ⓑ 네, 다 봤습니다.

Ⓐ 가져가도 될까요?

Ⓑ 가지세요.

Ⓐ 고맙습니다.

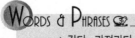

WORDS & PHRASES

- взять : 갖다, 가져가다

> 모쥐노 예요 브쟈찌
> **Можно её взять?**

가지다

브이 우제 쁘로치딸리 에뚜
Ⓐ **Вы уже прочтали эту**

가제뚜
газету?

다 쁘로치딸
Ⓑ **Да, прочтал.**

모쥐노 예요 브쟈찌
Ⓐ **Можно её взять?**

바지미쩨 빠좔스따
Ⓑ **Возьмпте, пожалуйста.**

스빠시바
Ⓐ **Спаснбо.**

183

Ⓐ 당신은 자주 극장에 가십니까?

Ⓑ 유감스럽게도 자주는 아닙니다.

저는 바빠요.

Ⓐ 극장에 가는 걸

좋아하지 않으세요?

Ⓑ 누가 좋아하지 않겠어요!

물론 좋아합니다.

WORDS & PHRASES

• театр : 연극극장

히또 쉐 에떠보 녜 호쳇
Кто же зтого не хочет!

브이 차스또 하지쩨 브 찌아뜨르
Ⓐ Вы часто ходпте в театр?

꼬 싸좔례니유 녜 차스또
Ⓑ К сожаленпю не часто.

야 자냐뜨
Я занят.

브이 녜 하지쩨 하지찌
Ⓐ Вы не хотпте ходпть

브 찌아뜨르
в театр?

히또 줴 에떠보 녜 호쳇
Ⓑ Кто же зтого не хочет!

까녜쉬노 하추
Конечно, хочу.

STEP STEP

Ⓐ 내일 뭐 하실 거예요?

Ⓑ 아직 모르겠습니다. 당신은?

Ⓐ 박람회에 갑시다!

Ⓑ 아니요, 새로운 영화를 보는 게

낫겠습니다.

Ⓐ 극장에선 지금 어떤 영화가

상영됩니까?

Ⓑ 제가 알아보죠.

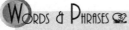
WORDS & PHRASES

- кино : 영화극장
- узнать : 알다의 완료형

까꼬이 필름 이죠뜨
Какой фильм идёт?

쉬또 브이 부지쩨 젤라찌 잡뜨라
(A) Что вы будете делать завтра?

이쇼 녜 즈나유　　　아 브이
(B) Ещё не знаю. А вы?

다바이쩨 빠이죠옴 나 브이스따브꾸
(A) Давайте пойдём на выставку!

녜뜨 다바이쩨 루쉐
(B) Нет, давайте лучше

빠스모뜨림 노브이 필름
посмотрим новый фильм.

까꼬이 필름 이죠뜨 프 끼노
(A) Какой фильм идёт в кино

찌뻬엘
теперь?

야 우즈나유
(B) Я узнаю.

187

Ⓐ 올랴, 내일 극장 갈래?

Ⓑ 그래, 그러자.

어디서 우리 만날까?

Ⓐ 영화관 근처에서.

아니, 아니. 동상

맞은 편 벤치에서

Ⓑ 절대 늦지마!

기억해, 7시야.

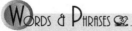

WORDS & PHRASES ♋

- согласен : 동의하다
- скамейк : 벤치
- напротив(+ 생격) : ~맞은 편에

빠이죠옴 잡뜨라 프 끼노
Пойдём завтра в кино!

올랴 빠이죠옴 잡뜨라 프 끼노
Ⓐ Оля, пойдём завтра в кино?

수다볼스뜨비엠 사글라스나
Ⓑ С удовольствием, согласна.

그제 므이 브스뜨레찜샤
Где мы встретимся?

오깔로 끼노찌아뜨라
Ⓐ Около кинотеатра.

녜뜨 녜뜨 나 스까메이께
Нет, нет, на скамейке

나쁘로찝 빠먀뜨니까
напротив памятника.

똘꼬 녜 아빠즈드이바이
Ⓑ Только не опаздывай!

뽐니 브 셈 치숩
Помни, в семь часов.

WORDS & PHRASES ♋32

• памятник: 기념물, 동상

189

Ⓐ 몇 시에 다음 상영이

시작됩니까?

Ⓑ 1시 20분입니다.

Ⓐ 표가 아직 있습니까?

Ⓑ 있습니다.

몇 장이 필요하세요?

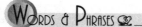

WORDS & PHRASES ☜

- сеанс: 상영
- билет: 표

브 까또롬 차수 나치뇨짜
В кото́ром часу́ начнётся?

브 까또롬 차수 나치뇨짜
Ⓐ В кото́ром часу́ начнётся

슬례두유쉬이 시안스
сле́дующий сеа́нс?

드밧짜찌 미누뜨 브따로보
Ⓑ Два́дцать мину́т второ́го.

아 빌례뜨이 이쑈 예스찌
Ⓐ А би́ле́ты ещё есть?

예스찌
Ⓑ Есть.

스꼴꼬 빌례돕 밤 누쥐노
Ско́лько би́ле́тов вам ну́жно?

191

Ⓐ 지루하세요?

Ⓑ 네, 조금.

Ⓐ 왜요?

　이 영화가 맘에 들지 않으세요?

Ⓑ 왜냐면, 오래 전에 이 영화를

　봤었거든요.

Ⓐ 저런, 경기장에 갈걸!

WORDS & PHRASES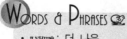

- лучше : 더 나은

밤 스꾸치노
Вам скучно?

밤 스꾸치노
Ⓐ Вам скучно?

다 니므노거
Ⓑ Да, немного.

빠체무
Ⓐ Почему?

밤 녜 느라비쨔 에떠뜨 필름
Вам не нравится зтот Фильм?

빠따무 쉬또 야 우비젤 에떠뜨
Ⓑ Потому что, я увнДел зтот

필름 다브노
Фильм Давно.

좔 무쉐 나 스따지온
Ⓐ Жаль, лучше на стаДион!

86. 정말 예쁜 신발이로군!

Ⓐ 오, 정말 예쁜 실내화로군!

Ⓑ 그건 제 맘에도 들고 또 값도

저렴하군요.

Ⓐ 왜 사지 않으세요?

Ⓑ 왜냐면 지금은 돈이

없거든요.

Ⓐ 저런.

WORDS & PHRASES

- туфли : 신발들(켤레)
- дешёвый : 저렴한
- какой +형용사+명사! : 감탄문

까끼예 끄라시브이예 뚜플리
Какне *к*расивые туфли!

_{누 까끼예 끄라시브이예 다마쉬니예}
Ⓐ Ну, *как*не *к*расивые Домашние

_{뚜플리}
туфли!

_{에찌 오첸 므녜 느라바짜}
Ⓑ Зти очень мне нравятся

_{또줴 이 에찌 졔셰브이}
тоже, и зти Дешевы.

_{빠체무 브이 녜 꾸삐쩨}
Ⓐ Почему вы не *к*упите?

_{빠따무 쉬또 우 미냐 녜뜨 제냐흐}
Ⓑ Потому что, у меня нет Денях

_{시 : 차스}
сейчас.

_좔
Ⓐ Жаль.

195

Ⓐ 스테판, 넥타이 고르는 것 좀

도와주게나.

Ⓑ 어떤 색깔을 원하나?

Ⓐ 글쎄, 붉은 색?

Ⓑ 아니야, 내 생각으론 푸른색이

자네에겐 어울리네.

Ⓐ 좋아, 난 이걸 갖겠네.

WORDS & PHRASES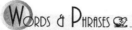

- выбрать : 고르다
- красный : 붉은
- голубой : 푸른

196

갈루보이 빠다이죠뜨 밤
Голубой подойдёт вам.

스쩨빤 붓쩨 다브르이 빠모기
(A) Степан, будьте добры, помоги

므녜 브이브라찌 갈스뚝
мне выбрать галстук.

까꼬이 쯔베뜨 뜨이 호체쉬
(B) Какой цвет ты хочешь?

누 끄라스느이
(A) Ну, красный?

녜뜨 빠 마예무 갈루보이
(B) Нет, по моему, голубой

빠다이죠뜨 찌볘
подойдёт тебе.

하라쇼 야 이보 바지무
(A) Хорошо, я его возьму.

WORDS & PHRASES 🎵

• подойдти : 어울리다, 적합하다

Ⓐ 이 치마를 좀 보여주세요.

Ⓑ 치수가 어떻게 되세요?

Ⓐ 40치수, 길이 3인

치마가 있습니까?

Ⓑ 물론입니다. 여기 있군요.

Ⓐ 전 이 치마를 입어보고 싶은데요.

Ⓑ 좋습니다.

Ⓐ 이 치마는 제게 통이 크군요.

다른 걸로 볼 수 있을까요?

빠까쥐쩨 므녜 에뚜 유브꾸
Покажите мне эту юбку

빠까쥐쩨 므녜 에뚜 유브꾸
Ⓐ Покажите мне эту юбку,

빠좔스따
пожалуйста.

까꼬이 라즈몌르
Ⓑ Какой размер?

우 바스 예스찌 유브까 소록꺼보보
Ⓐ У вас есть юбка 40-го

라즈몌라 뜨례찌이 로스뜨
размера, третий рост?

까녜쉬노 보뜨 즈제시
Ⓑ Конечно. Вот здесь.

야 하추 쁘리몌리찌 에따 유브까
Ⓐ Я хочу примерить эта юбка.

하라쇼
Ⓑ Хорошо.

에따 유브까 쉬로까 므녜
Ⓐ Эта юбка широка мне.

모쥐노 빠스모뜨례찌 드루가야
Можно посмотреть другая?

Ⓐ 검은 색 양복 좀 보여주세요.

Ⓑ 자 여기 있습니다.

Ⓐ 이건 제게 안 어울리는군요.

다른 색깔의 양복들도 있습니까?

Ⓑ 네 있습니다.

당신은 녹색 눈동자를 가졌으므로,

녹색이 당신에겐 어울립니다.

Ⓐ 이 양복 얼마죠?

Ⓑ 5루블입니다.

Ⓐ 제게는 비싼 값이군요.

에떠 들랴 미냐 다로버
Зто для меня дорого.

에떠 들랴 미냐 다로버

빠까쥐쩨 빠좔스따 쵸르느이 까스춤
Ⓐ Покажите, пожалуйста, чёрный костюм

보뜨
Ⓑ Вот.

에떠뜨 므녜 녜 이죠뜨 우 바스
Ⓐ Зтот мне не идёт. У вас

예스찌 까스쥬므이 드루거보 쯔볘따
есть костюмы другого цвета?

다 에스찌 이 드루기예 우 바스
Ⓑ Да, есть и другие. У вас

젤료느이예 글라자 이 밤
зелёные глаза, и вам

이죠뜨 젤료느이 쯔볘뜨
идёт зелёный цвет.

스꼴꼬 스또이뜨 에떠뜨 까스쯤
Ⓐ Сколько стоит зтот костюм?

빠찌 루블레이
Ⓑ Пять рублей.

에떠 들랴 미냐 다로버
Ⓐ Зто для меня дорого.

Ⓐ 치즈는 어디서 살 수 있습니까?

Ⓑ 2층에서요.

거기엔 식료품 가게가 있습니다.

Ⓐ 치즈 300그램에 얼마나 하는지

모르세요?

Ⓑ 모르겠군요.

Ⓐ 감사합니다.

Ⓑ 별말씀을

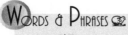

WORDS & PHRASES 📂

• сыр : 치즈

그제 모쥐노 꾸삐찌 쓰이르
Где можно купить сыр?

(A)
그제 모쥐노 꾸삐찌 쓰이르
Где можно купить сыр?

(B)
나 브따롬 에따줴
На втором этаже.

땀 쁘로둑뜨이 마가진
Там продуктый магазнн.

(A)
브이 녜 즈나이쩨 스꼴꼬
Вы не знаете, сколько

스또이뜨 뜨리스따 그람 스이루
стонт трнста грамм сыру?

(B)
야 니 즈나유
Я не знаю.

(A)
스빠시바
Спаснбо.

(B)
니체보
Ннчего

Ⓐ 어느 부서에서 달걀을 파는지 좀

얘기해 주세요?

Ⓑ 육류품 부에서 팝니다.

Ⓐ 감사합니다.

Ⓐ 버터 반 킬로와

달걀 10개 주세요.

모두 얼마입니까?

Ⓑ 2루블 20까뻬이까입니다.

카운터에서 지불하시기 바랍니다.

브 까꼼 앗젤례 쁘로다유뜨 이 : 쪼
В каком отделе продают яйцо?

스까쥐쩨 빠좔스따 브 까꼼
Ⓐ Скажите, пожалуйста, в каком

앗젤례 쁘로다유뜨 이 : 쪼
отделе продают яйцо?

브 미스놈 앗젤례
Ⓑ В мясном отделе.

스빠시바
Ⓐ Спаснбо.

다이쩨 빨낄로 마슬라 이
Ⓐ Дайте полкнло масла н

지샤똑 이 : 츠
десяток янц.

스꼴꼬 프쇼 에떠 스또이뜨
Сколько всё это стонт?

드바 루블랴 드바드짜찌 까베이끄
Ⓑ Два рубля двадцать копеек.

뽈라찌쩨 브 까수 빠좔스따
Платнте в кассу, пожалуйста.

205

92. 맛있게 드십시요!

Ⓐ 웨이터, 이 자리가 비었습니까?

Ⓑ 네, 비었습니다.

Ⓐ 메뉴를 주세요.

Ⓑ 무엇을 주문하시겠습니까?

Ⓐ 빵, 샐러드, 그리고 치즈를

갖다주세요.

Ⓑ 여기 있습니다. 맛있게 드세요!

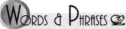

WORDS & PHRASES ③2

• приятный : 기분이 좋은, 즐거운
• что : 무엇

쁘리야뜨노보 아뻬찌따
Прнятного аппетпта!

아피치안뜨 에찌 미스따 스바보드느이
A Офпцнант, зтн места свободны?

다 스바보드느이
B Да, свободны.

다이쩨 빠좔스따 메뉴
A Дайте, пожалуйста, меню.

쉬또 브이 하찌쩨 자까자찌
B Что вы хотнте заказать?

쁘리녜시쩨 흘례프 살라뜨
A Прннеснте хлеб, салат,

이 쓰이르 빠좔스따
n сыр, пожалуйста.

보뜨 쁘리야뜨노보 아뻬찌따
B Вот, nрнятного аппетнта!

93. 난 배가 고팠습니다.

Ⓐ 난 뭔가 식욕을 느끼는데.

우선 무엇부터 드실 겁니까?

저는 샐러드를 먹겠습니다.

여기선 샐러드가 맛있습니다.

Ⓑ 저는 스프를 먹겠습니다.

저는 아침식사로 스프만을 먹습니다.

Ⓐ 그래요?

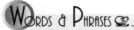

WORDS & PHRASES 32

- проголодаться: 식욕이나 시장기를 느끼다.
- взять: 가지다(여기서의 뜻은 먹다)
- вкусно: 맛있다

야 쁘로갈로달샤
Я проголодался.

ⓐ 야 쉬또 또 쁘로갈로달샤
Я что-то проголодался.

쉬또 브이 베료쩨 나 뻬르보예
Что вы берёте на первое?

야 베루 살라뜨
Я беру салат.

에떠 오첸 브꾸스노 즈제시
Это очень вкусно здесь.

ⓑ 야 베루 수쁘
Я беру суп.

야 옘 나 잡뜨락 똘꼬 수쁘
Я ем на завтрак только суп.

ⓐ 라즈볘
Разве?

209

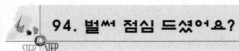

Ⓐ 안녕하세요, 니나!

Ⓑ 안녕하세요? 이고리!

　점심식사 하셨어요?

Ⓐ 아니요.

　전 지금 막 식당으로

　가려던 참이예요.

Ⓑ 거리 모퉁이에 있는

　식당으로 가요.

Ⓐ 좋습니다.

브이 아베달리 우줴
Вы обедали уже?

브 도브르이 젠 니나
(A) Добрый день, Ннна!

도브르이 젠 이고리
(B) Добрый день, Игорь.

브이 아베달리 우줴
Вы обедали уже?

네뜨
(A) Нет.

야 똘꼬 쉬또 사비라유시
Я только что собnраюсь

빠이찌 브 스딸로부유
пойтn в столовую.

다바이쩨 빠이좀 브 스딸로부유
(B) Давайте пойдём в столовую

브 우중루 울리츠이
в углу улnцы.

수다볼스뜨비엠
(A) С удовольствnем.

Ⓐ 여긴 메뉴가 다양하군요!

멀 주문할까요?

Ⓑ 좋아하는 요리가 어떤 거에요?

Ⓐ 저는 생선요리를 좋아합니다.

당신은 생선 요리를 좋아하세요?

Ⓑ 네, 매우 좋아합니다.

저는 폴란드식 수닥을

먹겠습니다.

WORDS & PHRASES

- большой : 큰
- выбор : 선택
- блюдо : 요리

즈제시 라즈느이 브이보르 블류드
Здесь большой выбор блюд.

Ⓐ 즈제시 라즈느이 브이보르 블류드
Здесь разный выбор блюд!

쉬또 므이 자까쥠
Что мы закажем?

Ⓑ 까꼬예 바쉐 류빔모예 블류더
Какое ваше любимое блюдо?

Ⓐ 야 류블류 르이브느이예 블류다
Я люблю рыбные блюда

아 브이 류비쩨 르이브느이예 블류다
А вы любите рыбные блюда?

Ⓑ 다 오첸
Да, очень.

야 부두 예스찌 수다까 빠
Я буду есть судака по-

뽈스끼
польски.

WORDS & PHRASES 32

• судак: 농어 비슷한 생선

213

Ⓐ 앉으세요! 이게 제 방이에요.

뭐 좀 마시지 않으시겠어요?

Ⓑ 전 차를 마시겠습니다.

Ⓐ 레몬을 넣을까요, 넣지 말까요?

Ⓑ 넣어 주세요.

Ⓒ 제겐 아무거나 주세요.

Ⓓ 전 설탕없이 블랙 커피를

마시겠어요.

전 단 것이 싫어요.

야 브이삐유 차이
Я выпью чай.

- 싸지쩨시 에떠 마야 꼼나따
  (A) Садитесь! Это моя комната.

- 브이 녜 하찌쩨 삐찌 쉬또 또
  Вы не хотите пить что-то?

- 야 브이삐유 차이
  (B) Я выпью чай.

- 스 리모놈 일리 베스 리모나
  (A) С лимоном или без лимона?

- 스 리모놈
  (B) С лимоном.

- 므녜 쉬또 니부지
  (C) Мне что-нибудь.

- 아 야 쵸르늬이 꼬폐 베스
  (D) А я чёрный кофе, без

  사하라
  сахара.

- 야 니 류블류 슬라드꼬보
  Я не люблю сладкого.

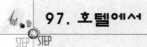
Ⓐ 욕실과 전화가 딸린

1인용 방 하나를

원합니다.

Ⓑ 여기서 얼마나 오래

머무실건가요?

Ⓐ 정확히는 모르겠군요.

Ⓑ 숙박계를 쓰세요.

당신 방의 열쇠입니다.

편안히 지내세요.

Ⓐ 편안한 밤이길!

В Гостннице

야 브이 하쩨엘 뻴루치찌 노몌르
Ⓐ Я бы хотел получнть номер

들랴 아드노보 스 반노이
Для одного с ванной

이 찔리포놈
н телефоном.

깍 돌거 브이 쁘로부지쩨
Ⓑ Как долго вы пробудете

즈제시
здесь?

네 즈나유 또쉬노
Ⓐ Не Знаю точно.

자뽈니쩨 리스똑 빠좔스따
Ⓑ Заполннте лнсток, пожалуйста.

보뜨 끌류치 오뜨 바쉐보 노몌라
Вот ключ от вашего номера.

수도브스뜨바미
С удобствамн.

스뽀고인노이 노치
Ⓐ Спокойной ночн!

217

Ⓐ 어디가 아프세요?

Ⓑ 제 생각으론 감기입니다. 의사선생님

Ⓐ 열은 어떠세요?

Ⓑ 오늘 아침엔 39도를

넘었습니다.

Ⓐ 봅시다.

WORDS & PHRASES

- Врач: 의사
- простуда: 감기

우 브라촤
Y врача

의사의
방문

쉬또 우 바스 볼리뜨
(A) Что у вас болит?

브라치 쁘로스뚜다 빠 마예무
(B) Врач, простуда, по-моему.

까까야 우 바스 쨈뻬라뚜라
(A) Какая у вас темпеpaтуpa?

시보드냐 우뜨롬 볼쉐
(B) Сегодня утром больше

뜨리드짜찌 제비찌
трнДцатn Девятn.

빠스모뜨림
(A) Посмотрnм.

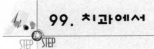

Ⓐ 안녕하세요, 의사 선생님.

Ⓑ 안녕하세요.

앉으세요. 어디가 불편하세요?

Ⓐ 벌써 며칠 째 이빨이 아파요.

Ⓑ 입을 여세요.

당신 이빨을 봅시다.

유감스럽게도, 뽑아야겠군요.

내일 제게 들러주세요.

Ⓐ 내일이 금요일 …… 좋습니다.

고맙습니다. 안녕히 계세요. 의사선생님.

우 주브노버 브라촤
У зубного врача

즈드라스부이쩨 독또르
(A) Здравствуйте, Доктор.

즈드라스부이쩨
(B) Здравствуйте.

자지쩨시 나 쉬또 좔루이쩨시
Садитесь, на что жалуетесь?

우줴 니스꼴꼬 드녜이 우 미냐 볼리뜨 주브
(A) Уже несколько Дней у меня болит зуб.

라스끄로이쩨 로뜨 빠스모뜨림
(B) Раскройте рот, посмотрим

바쉬 주브이 끄 사좔례니유
вашн зубы. К сожалению,

쁘리쬬쨔 우다리찌 자이지쩨 까
прндётся удалнть. Зайднте ко

므녜 빠좔스따 잡뜨라
мне, пожалуйста, завтра.

잡뜨라 빠뜨니차 하라쑈
(A) Завтра пятннца ··· Херошо.

스빠시바 다 스비다니야 독또르
Спаснбо, До свндання, Доктор.

221

Ⓐ 좀 앉으세요.

무엇을 해 드릴까요?

Ⓑ 머리를 잘라주세요.

조금 짧게요.

— 몇 분 뒤 —

Ⓐ 맘에 드세요?

Ⓑ 훌륭해요. 고맙습니다.

WORDS & PHRASES ☺

- шарикмахерская: 이발소
- подстричь: 이발하다

프 빠리끄마히르스꼬이
В парикмахерской

싸지쩨시 빠좔스따
Ⓐ Садитесь, пожалуйста.

쉬또 밤 두고드노
Что вам угодно?

므녜 나도 빠드스뜨리짜
Ⓑ Мне надо подстричься.

니므노거 까로뜨꼬
Немного *коротко*.

체레스 니스꼴꼬 미누뜨
—Через несколько минут—

딱 밤 느라비쨔
Ⓐ Так вам нравится?

쁘렉라스나 스빠시바
Ⓑ Прекрасно, спасибо.

판권
본사
소유

(포켓) O.K 러시아어회화

2019년 2월 20일 인쇄
2019년 2월 28일 발행

지은이 | 국제언어교육연구회
펴낸이 | 최 원 준

펴낸곳 | 태 을 출 판 사
서울특별시 중구 다산로38길 59(동아빌딩내)
등 록 | 1973. 1. 10(제1-10호)

©2009. TAE-EUL publishing Co.,printed in Korea
※잘못된 책은 구입하신 곳에서 교환해 드립니다.

■ **주문 및 연락처**
우편번호 0 4 5 8 4
서울특별시 중구 다산로38길 59 (동아빌딩내)
전화 : (02)2237-5577   팩스 : (02)2233-6166

ISBN   978-89-493-0561-5   13790